MANUEL

DE POLICE.

[Paris. — Imprimerie de Mme Ve Dondey-Dupré, rue Saint-Louis, 46.

MANUEL

DE POLICE

A L'USAGE

DES COMMISSAIRES CANTONNAUX

ET

DES PRÉPOSÉS DE L'ADMINISTRATION

PAR MM.

ÉMILE JÆGLÉ,

Gradué en la Faculté des Lettres , muni du Brevet de Capacité pour l'Enseignement Primaire, Secrétaire près les Commissariats de Police de la ville de Paris ;

ET

GUSTAVE MAUNY,

Gradué en la Faculté des Lettres, attaché de Commissariat.

> « Le ministère de la police sera une
> » institution essentiellement protec-
> » trice. »
>
> LOUIS-NAPOLÉON.

PARIS

CHEZ BOUCQUIN

IMPRIMEUR DE LA PRÉFECTURE DE POLICE,

RUE DE LA SAINTE-CHAPELLE, 5.

1853

PLAN DE L'OUVRAGE.

Paris, le 10 décembre 1852.

CABINET

DU PRÉFET

DE POLICE.

—

A M. JÆGLE,

Secrétaire du Commissariat de la Section de la Madeleine ,

Monsieur,

Je vous remercie de m'avoir envoyé le recueil que vous avez publié à l'occasion de l'avénement de l'Empire.

J'ai lu ce recueil avec le plus grand intérêt, et je ne puis qu'applaudir à l'heureuse idée que vous avez eue de rendre populaires les grandes pensées de Sa Majesté.

Recevez, Monsieur, l'assurance de ma parfaite considération.

Le Préfet de police,

PIETRI.

Telle est la lettre que l'honorable Préfet de police, M. Pietri, a bien voulu m'adresser.

Heureux d'avoir pu mériter cette haute approbation, je me permets, avec mon collaborateur M. Mauny, de lui présenter l'hommage de ce petit livre, le priant d'agréer les sentiments de respect et de dévouement avec lesquels nous avons l'honneur d'être

Ses très-humbles et très-obéissants serviteurs,

E. JÆGLÉ, G. MAUNY.

ORIGINE DE LA POLICE.

L'on ne paraît pas, en général, s'être fait de la police l'idée que son importance exige et que l'étendue de ses fonctions suppose. Accoutumé à donner ce nom à un ordre d'administration minutieuse, on n'a point vu qu'elle s'étendait à des objets de la plus grande utilité pour le bonheur public, et qu'elle entretenait l'harmonie de la société. On n'a point fait attention que cette partie du gouvernement était liée à toutes les autres branches de l'économie civile, à tous les rapports qui existent entre les hommes dans l'état de société. Cependant, en consultant l'histoire et en la prenant pour guide, on s'assurera que la police a dû être la première forme de gouvernement parmi les nations qui se sont policées, comme l'indique l'étymologie du mot *police,* qui signifie dans son sens propre *soin de la ville,* et qui, pris d'une manière générale, désigne l'économie civile et l'administration universelle d'une nation. Cette étymologie annonce que son étendue fut d'abord limitée à l'enceinte d'une ville et que tout État a commencé par une cité. Il est hors de doute que tous les peuples civilisés qui existent se sont formés de la réunion de peuplades vivant chacune sans une discipline de cité, une police municipale particulière, et devant son origine à des brigands rassemblés pour faire la guerre, et civilisés ensuite par le besoin d'ordre et de subordination, même au milieu de leurs mœurs agrestes et barbares.

Nous n'oserions affirmer que la civilisation fut l'objet que se proposèrent les hommes en se réunissant, peut-être serait-ce une erreur. Il paraît que ce fut la guerre, soit de défense, soit de conquête. Mais, quels qu'aient été les motifs de cette union, la nécessité de l'ordre dut se faire sentir parmi les nouveaux associés. Ils se trouvèrent indispensablement obligés d'introduire une sorte de police au milieu d'eux, police sans doute très-grossière ; toutes leurs lois, tout leur gouvernement consistait dans le maintien d'un ordre et d'une tranquillité relatifs.

Quoique la police des premières cités se ressentît du caractère et des mœurs guerrières de leurs habitants, elle se perfectionna néanmoins chez plusieurs, et son influence sur le bonheur public devint plus sensible de jour en jour. Son objet s'étendit, sa force s'accrut à mesure que les hommes déposèrent une partie de leur férocité. Alors elle commença à s'approcher davantage d'une législation régulière, mais elle n'avait encore rien de fixe, n'ayant pour règle que l'usage et pour autorité que la tradition. Les attributions de la police s'étendaient alors à tout ce qui pouvait être l'objet de la jouissance commune des habitants de la cité : places publiques, chemins, marchés, fontaines ; il fallut établir l'ordre dans la manière de participer à l'utilité que chacun avait droit d'en retirer.

Cette administration toute simple , en préparant les hommes à une plus grande civilisation, en faisant régner la paix, en établissant l'ordre au milieu des cités naissantes, facilita l'œuvre des législateurs et l'établissement de formes plus régulières de gouvernement.

Après l'établissement des lois positives chez les anciens, la police municipale fut restreinte et son pouvoir limité. Au lieu d'être le gouvernement elle-même, elle n'en forma plus qu'une partie. La police fut chargée du maintien de la nouvelle administration et en devint le plus ferme appui ; elle conserva l'inspection des mœurs et de la discipline publique. Elle réformait les abus qui, sans attaquer la constitution d'une manière radicale, pouvaient donner lieu à des désordres dangereux. La nourriture du peuple, la fourniture des marchés, l'exactitude et la fidélité dans la vente des denrées, l'expulsion des charlatans, la poursuite des brigands, le soin des filles de joie, en un mot tous les détails d'une garde et d'une surveillance sans laquelle la société ne pourrait subsister, furent conservés à la police et composèrent depuis son domaine.

Un des effets de l'introduction de la police dans la société est l'existence de la morale publique, qui ne pouvait naître qu'au sein de l'ordre et du rapport que les hommes rapprochés aperçurent entre leurs devoirs et leurs intérêts. C'est du sein des villes policées que sont sortis les chefs-d'œuvre des arts et les maximes d'une morale douce et bienfaisante. C'est là que le génie médite et que la raison trouve des sujets de réflexion, tandis que le citoyen paisible peut se livrer avec sécurité au soin de sa famille. Ainsi la Grèce, peuplée d'une foule de petites villes libres et policées, se civilisa promptement, tandis que les peuples errants d'une grande partie de l'Asie sont restés à demi sauvages.

La réunion des hommes en société, l'établissement de l'ordre et le maintien d'une police vigilante au milieu d'eux, donnèrent encore naissance à un grand moyen de civilisation dont l'empire surtout est devenu prodigieux depuis le règne de la raison : c'est l'opinion publique. En effet, l'opinion publique est le plus puissant mobile des actions louables. « L'opinion publique, dit M. Necker, rè-
» gne sur tous les esprits, et les princes eux-mêmes la res-
» pectent, s'ils ne sont pas distraits par de trop grandes
» passions. Les uns la ménagent volontairement, par l'am-
» bition qu'ils ont de la faveur publique, et les autres
» moins dociles y sont encore soumis sans s'en apercevoir,
» par l'ascendance de ceux qui les entourent. »

Les formes d'administration municipales, fondées sous la domination romaine, furent conservées lors de la conquête des Francs et modifiées depuis selon que les mœurs se modifièrent elles-mêmes, ou à mesure que d'autres besoins se firent sentir.

Les premières dispositions législatives en matière de police, dans notre pays, remontent au commencement du règne de Clovis. Elles se trouvent renfermées dans un recueil de lois et d'ordonnances connu sous le nom de Loi salique.

Ce recueil, se composant de soixante-douze titres, règle les divisions de la propriété, les droits de succession, les devoirs envers le chef de l'Etat et les rapports des individus entre eux.

Il contient en outre des dispositions sur la responsabilité des maîtres, pour les délits de leurs serviteurs et pour les dommages causés par les animaux domestiques. Il fixe les peines encourues par ceux qui portent atteinte à la morale publique, punit les dégradations faites aux monuments, et prévoit même le cas où des accidents seraient occasionnés par l'imprudence de ceux qui font exécuter des travaux de terrassement.

On voit que dès les premiers temps de la monarchie, les lois ont sagement compris la nécessité et les détails des mesures de police tendant à maintenir l'ordre au profit de tous et dans un intérêt commun.

Les lois qui furent promulguées sous le règne de Charlemagne attestent que ce prince éclairé comprenait l'utilité d'une bonne police dans son vaste empire, et l'importance qu'il attachait à ce qu'elle fonctionnât avec régularité. Ces lois, connues sous le nom de *Capitulaires*, contenaient des prescriptions sanitaires, des mesures relatives à la prostitution, au vagabondage et à la mendicité; elles établissaient des tarifs réglant le prix des denrées de première nécessité et fixaient un système d'unité de poids et mesures pour garantir la loyauté de la vente des marchandises.

Après Charlemagne, l'empire se trouva divisé entre plusieurs souverains, le pouvoir perdit cette unité qui seule fait la force, et finit bientôt par tomber dans un état d'épuisement et de dissolution, entraînant avec lui la ruine de l'ordre social qui donna naissance à la féodalité.

Alors tout fut remis en question; le pouvoir royal méconnu, l'autorité suprême paralysée et même balancée par celle des seigneurs féodaux, qui ne reconnaissaient plus sa puissance, et qui s'attribuèrent l'administration de la justice; les lois anciennes furent abrogées et remplacées par des formules nouvelles, pour établir la preuve des faits et constater le droit des parties. De là, les épreuves du feu et de l'eau, les combats judiciaires, en un mot, ces pratiques ignorantes et superstitieuses mises en pratique sous le nom de jugement de Dieu.

Cependant l'exercice de cette magistrature, toute expéditive qu'elle fut, ne tarda pas de lasser ces hommes portés par inclination au métier des armes. Ils déléguèrent leurs pouvoirs aux plus éclairés d'entre leurs vassaux, auxquels ils attachèrent la dénomination de baillis et de sénéchaux, lesquels étaient investis d'une haute juridiction, ayant des subdélégués sous le titre de prévôts.

Dans cette organisation administrative et judiciaire, le prévôt de Paris, placé au premier rang, ne relevant que du roi, avait des pouvoirs d'une étendue immense. Les règlements d'administration posés par le prévôt de Paris ayant été obligatoires pour tout le royaume jusqu'à la fin du quatorzième siècle, le titre d'*ordonnance* leur fut appliqué comme aux décisions royales, et quoique ces mêmes actes n'aient plus aujourd'hui le même caractère, ce titre d'ordonnance est toujours depuis resté attaché aux arrêtés du Préfet de police.

Le prévôt de Paris réunissait dans sa personne plusieurs attributions de différentes natures : ceux de législateur, de magistrat municipal et de l'ordre judiciaire, président du Châtelet, et enfin ceux d'un chef militaire, puisqu'il pouvait porter l'épée et commander des troupes. Il avait sous ses ordres une compagnie d'ordonnance, deux compagnies de sergents à pied et à cheval, appelés les uns *sergents à verges*, les autres *sergents du guet*. Ensuite; pour chaque quartier ou paroisse, il y avait des bourgeois soumis à l'élection, administrant sous le nom de *commissaires*, simultanément avec le prévôt, de qui ils recevaient des ordres immédiats.

N'y a-t-il pas une grande analogie entre ce qui existait sous le prévôt de Paris et ce qui existe maintenant ? sauf modification, la garde municipale, les commissaires de police et les sergents de ville actuels ne sont-ils pas la reproduction de l'entourage du prévôt de Paris ?

L'accroissement de la population, l'augmentation de la somme des besoins du service public, augmentant les devoirs du prévôt, ce magistrat s'adjoignit, pour le seconder, deux lieutenants, l'un pour les affaires civiles, l'autre pour les affaires criminelles.

Cet état de chose subsista jusqu'en 1302, sous le règne de Philippe IV, dit le Bel, qui en instituant le Parlement de Paris, fit apporter de salutaires réformes dans toutes les branches de l'administration publique. Cette haute et nationale institution mit fin à l'arbitraire des prévôts et porta la première atteinte aux anciennes prérogatives de ce magistrat.

Mais ce fut Louis XII qui, en se réservant le droit de nommer le lieutenant civil et le lieutenant criminel, réduisit ainsi la charge de prévôt à un titre illusoire.

C'est à cette époque que le lieutenant civil, définitivement investi des attributions municipales et de la police, présidait en même temps comme tel la chambre du Châtelet et jugeait les causes soumises à sa compétence.

Cependant, bien qu'il y eût un magistrat spécialement affecté à la direction de la police, des conflagrations avaient lieu entre des autorités quelquefois rivales, dont les attributions n'étaient pas assez clairement définies par une législation quelque peu confuse.

Ces démêlés étant préjudiciables aux intérêts des administrés, et pour remédier aux inconvénients graves qui pouvaient en résulter, le Parlement, après de mûres délibérations, proposa à Louis XIV le célèbre édit de **1667** par lequel les attributions de police furent confiées à un nouveau magistrat qui, sous le nom de *Lieutenant de police*, réunissait entre ses mains des attributions longtemps éparses et incertaines, et qui enfin fixées d'une manière définitive devaient contribuer puissamment, par l'unité de direction qui leur était donnée, à introduire d'utiles améliorations dans le gouvernement de la cité.

La révolution de 1789 jeta la perturbation dans les pouvoirs établis. L'institution de la police ébranlée comme les autres, fut administrée par un comité permanent formé par les électeurs réunis à l'Hôtel de ville. Ce fut le règne des sections, auquel succéda bientôt celui des douze comités créés par la loi du 7 fructidor an II. L'unité d'action disparaît de nouveau, cette police brutale et sanguinaire des douze comités révolutionnaires, substituant la force, l'arbitraire de la violence à l'action régulière de la magistrature et des lois. Il serait superflu de dire que l'état moral et matériel de la cité ne reçut pas de grandes améliorations pendant ces mauvais jours.

La réaction thermidorienne ramena les choses à un état un peu plus normal ; mais ce ne fut que lors de la création de la préfecture de police (mars 1800), que l'administration, réorganisée sur des bases durables, put fonctionner régulièrement ainsi qu'elle le fait encore aujourd'hui.

Pour nous résumer, nous dirons que la police est une administration essentiellement utile et honorable en elle-même, c'est sur elle que repose en quelque sorte l'édifice de la société. Sous son influence salutaire les citoyens observent entre eux la paix et l'union sans lesquels il ne peut y avoir de repos public. Pour cela, elle étend son attention sur tout ce qui peut jeter le trouble ou l'inquiétude parmi eux. « Le pouvoir du magistrat de police, a dit un jurisconsulte français, M. Loyseau, approche et participe beaucoup plus de celui du prince que de celui du juge, qui ne doit que prononcer entre le demandeur et le défendeur; car il fait des règlements par le seul intérêt du bien public, personne ne le postulant. » Une commission aussi délicate exige, on le voit, beaucoup de sagesse, de lumière et nous dirons même de philosophie, dans ceux qui en sont revêtus, pour ne pas rester au-dessous de la mission qui leur est confiée. Enfin ce pouvoir ne peut jamais être utile si ceux qui en sont revêtus ne sont point éclairés sur leurs fonctions et les droits respectifs des hommes, de leurs devoirs envers la société dont ils sont les représentants et les gardiens.

1.

PREMIÈRE PARTIE.

ADMINISTRATION GÉNÉRALE DE LA POLICE.

MINISTÈRE. — PRÉFECTURE.

MINISTÈRE DE LA POLICE GÉNÉRALE.

(CRÉATION.)

> « La police ne sera un sujet
> d'effroi que pour les mé-
> chants. »
>
> (DE MAUPAS.)

CRÉATION DU MINISTÈRE DE LA POLICE.

LETTRE ADRESSÉE PAR LE PRINCE-PRÉSIDENT DE LA RÉPUBLIQUE A M. LE MINISTRE DE LA POLICE GÉNÉRALE.

Paris, le 31 janvier 1852.

Monsieur le Ministre,

Au moment où vous allez organiser le ministère de la police générale, je désire que l'idée dominante qui me fait juger cette organisation nécessaire vous soit toujours présente, et que vous demeuriez bien pénétré de l'esprit suivant lequel elle doit être mise en pratique.

Aujourd'hui, quoique responsable, le Président de la République ne peut, à l'aide des seuls moyens officiels, connaître que très-imparfaitement l'état général du pays. Il ignore comment fonctionnent les divers rouages de

l'administration, si les mesures arrêtées avec ses ministres s'exécutent conformément à l'intention qui les a dic-
tées, si l'opinion publique applaudit aux actes de son
gouvernement ou les désapprouve; il ignore enfin quels
sont, dans les diverses localités, les écarts à réprimer, les
négligences à stimuler, les améliorations indispensables à
introduire. En effet, il n'a pour l'éclairer que les renseignements souvent contradictoires, toujours insuffisants,
des divers ministères.

L'administration de la guerre, celle des finances, ont
un contrôle; le ministère de l'intérieur, qui est le seul
politique, n'en a pas. Lorsqu'un ordre est transmis à un
préfet, il faut s'en rapporter à ce préfet lui-même pour
savoir si l'exécution a été ce qu'elle devait être.

Supposez des conflits entre les diverses autorités, comment, sur des informations incomplètes et nécessairement
partiales, juger qui a raison, qui reprimander ou récom-
penser avec justice?

D'un autre côté, la surveillance se trouvant trop loca-
lisée, renfermée dans une sphère trop étroite, et exercée
par des agents indépendants les uns des autres et sans lien
direct avec le pouvoir central, les délits, les crimes, les
complots ne sauraient être ni prévus ni réprimés d'une
manière efficace.

Dans l'état actuel des choses, il n'existe aucune organisation qui constate avec rapidité et certitude l'état de l'o-
pinion publique, car il n'en est aucune qui en ait la mission exclusive, qui dispose des moyens pour le bien faire,
qui, désintéressée dans toutes les questions politiques, ait
le pouvoir d'être impartiale, de dire la verité et de la transmettre.

Pour suppléer à cette lacune, il faut reprendre le décret du 21 messidor an XII, c'est-à-dire distraire du ministère de l'intérieur, absorbé par trop de soins divers, la direction de la police générale, et lui donner une organisation simple, uniforme, obéissant à une seule impulsion.

A cet effet, il suffira de créer sept à huit inspecteurs généraux, embrassant dans leurs attributions plusieurs divisions militaires, et correspondant directement avec le ministre. Ils auront sous leurs ordres des inspecteurs spéciaux, qui eux-mêmes seront en rapport suivi avec des commissaires des villes, qui, aujourd'hui éparpillés sur tous les points de la France, ne sont que les agents des municipalités.

De cette manière, le ministre de la police sera à la tête de fonctionnaires hiérarchiquement subordonnés les uns aux autres, mais qui n'en obéiront pas moins aux autorités civiles, depuis le maire jusqu'au préfet.

Il surveillera tout sans rien administrer; il ne diminuera pas le pouvoir des préfets, il ne le partagera pas ; ses agents seconderont les diverses autorités, les éclairant d'abord, et le gouvernement ensuite, sur tout ce qui concerne les services publics.

Sans doute, sous un ordre de choses ne représentant que des intérêts privilégiés, un semblable ministère pourrait inspirer des appréhensions ; mais, sous un gouvernement dont la mission est de satisfaire les intérêts généraux, il ne doit rien avoir que de rassurant pour tous.

Ce ne sera donc pas un ministère de provocation et de persécution, cherchant à dévoiler les secrets des familles, voyant partout le mal pour le plaisir de le signaler, interrompant les relations des citoyens entre eux et faisant planer partout le soupçon et la crainte : ce sera, au contraire, une institution essentiellement *protectrice*, principalement animée de cet esprit de bienveillance et de modération qui n'exclut pas la fermeté; elle n'intimidera que les ennemis de la société.

En résumé, son rôle est de surveiller, au point de vue de l'humanité, de la sécurité publique, de l'utilité générale, des améliorations à introduire, des abus à supprimer, toutes les parties du service public. Alors elle fournira au gouvernement le moyen le plus puissant de faire le bien.

C'est à vous, Monsieur le Ministre, qui m'avez donné tant de preuves de votre discernement, de votre courage dans les moments difficiles et de votre dévouement, que je confie cette noble et importante mission de faire parvenir sans cesse jusqu'à moi la vérité, qu'on s'efforce trop souvent de tenir éloignée du pouvoir,

Recevez l'assurance de mes sentiments.

LOUIS-NAPOLÉON.

31 janvier 1852.

MINISTÈRE DE LA POLICE GÉNÉRALE.

Par décret du Président de la République, en date du 31 janvier 1852,

L'organisation du ministère de la police générale est réglée ainsi qu'il suit :

SECTION PREMIÈRE. — ADMINISTRATION CENTRALE.

Art. 1er. — L'administration centrale du ministère se compose de la manière suivante :

Cabinet du Ministre. — Correspondance confidentielle. — Affaires réservées et non classées. — Personnel. — Récompenses honorifiques.

PREMIÈRE DIVISION. — *Secrétariat général.* — Arrivée et départ des dépêches, leur enregistrement, et leur envoi dans les bureaux. — Recueil et transmission des décisions du Ministre. — Renseignements généraux. — Comptabilité. — Opérations et écritures centrales. — Ordonnancement. — Caisse.

DEUXIÈME DIVISION. — *Sûreté générale.* — Correspondance générale. — Exécution des lois relatives à la police générale et à la sûreté de la tranquilité intérieure de la République.

Surveillance de la presse, des théâtres, et des publications de toute nature. — Surveillance des prisons, maison d'arrêt et de justice, de détention et de réclusion. — Surveillance légale des condamnés libérés. — Répression de la mendicité et du vagabondage. — Archives du ministère.

TROISIÈME DIVISION. — Surveillance générale de l'imprimerie et de la librairie. — Brevets des imprimeurs et libraires. — Surveillance de la librairie étrangère. — Contrefaçon en France et à l'étranger. — Propriété littéraire. — Déclaration des diverses publications.

Dépôt de livres, journaux, estampes, gravures, etc., etc., publiés à Paris ou dans les départements.

Police administrative. — Réfugiés étrangers subventionnés. — Recherches dans l'intérêt des familles. — Rapatriment des Français venant de l'étranger. — Surveillance des bourses de commerce. — Société de prévoyance et de secours mutuels entre les travailleurs. — Surveillance du travail des enfants dans les manufactures.—Surveillance des lazarets et des quarantaines. — Correspondance relative à l'état de la santé publique, tant en France qu'à l'étranger. — Mesures générales relatives à la salubrité. — Établissements insalubres et incommodes.

SECTION II.

Art. 2. Il y aura près du ministre trois directeurs généraux, au nombre desquels sera le préfet de police de la Seine. Ils travailleront avec le ministre et seront chargés de la correspondance, de l'instruction et de la suite des affaires, chacun dans les départements qui lui seront assignés, conformément à l'état annexé au présent décret.

Art. 3. Indépendamment des audiences du ministre, il y aura chaque jour une audience tenue par l'un des directeurs généraux pour recevoir les réclamations adressées au ministre, et qui lui seront transmises immédiatement après l'audience.

Le préfet de police tiendra ses audiences à la préfecture.

Art. 4. En dehors des conférences quotidiennes, les directeurs généraux et le préfet de police de la Seine seront réunis par le ministre au moins une fois par semaine.

Ils discuteront devant lui les diverses réclamations qui leur ont été renvoyées.

Il sera dressé un procès-verbal des séances, dans lequel chacun pourra consigner son opinion sur tous les objets de police.

L'original de ces procès-verbaux sera porté par le ministre au Prince-Président de la République.

Le nombre et le traitement des employés de l'administration centrale, ainsi que le traitement des directeurs généraux, seront fixés par un décret spécial quand les services seront complétement établis.

SECTION III. — SERVICE DÉPARTEMENTAL.

Art. 7. L'administration du service départemental comprend :

Les inspecteurs généraux;

Les inspecteurs spéciaux;

Les commissaires de police.

Art. 8. Les inspecteurs généraux exerceront leurs fonctions sous l'autorité immédiate du ministre de la police générale.

Ils correspondront avec les préfets et les maires, avec les procureurs généraux et les procureurs de la République près les cours et tribunaux, avec les colonels et officiers de gendarmerie.

Ils auront sous leurs ordres les inspecteurs spéciaux et les commissaires de police.

Ils étendront leur surveillance sur tous les départements compris dans la circonscription qui leur est assignée.

Ils surveilleront particulièrement tout ce qui peut influencer l'esprit public, tout ce qui peut donner cause à des plaintes légitimes.

Ils surveilleront la presse, la librairie et les publications de toute nature, les théâtres, les prisons, l'instruction publique, les associations politiques et industrielles.

Ils rectifieront les fausses nouvelles, et, en général, ils

fixeront leur attention sur toutes les parties d'administration et de service public, en se conformant aux instructions de la police générale.

Art. 9. Les inspecteurs spéciaux agissent dans le cercle des attributions ci-dessus indiquées, sous l'autorité des inspecteurs généraux ; ils correspondront avec eux ; ils peuvent, dans les cas extraordinaires, correspondre directement avec le ministre. Ils ont également la correspondance avec les fonctionnaires indiqués dans l'article précédent.

Ils ont sous leurs ordres les commissaires de police.

Art. 10. Les inspecteurs généraux sont divisés en trois classes, quant à leur traitement, qui sera fixé ainsi qu'il suit :

Inspecteurs généraux de première classe, 15,000 fr.

— de deuxième classe, 12,000

— de troisième classe, 10,000

Les frais de bureaux et de dépenses accessoires seront payés sur les fonds du ministère de la police, sur les états appuyés de pièces justificatives.

Art. 11. Les inspecteurs spéciaux auront un traitement de 5,000 fr., plus 1,000 fr. pour les couvrir de leurs frais de bureau.

Art. 12. Les frais de voyage et de tournée des inspecteurs généraux et des inspecteurs spéciaux seront réglés par le ministre et payés séparément.

La résidence des commissaires spéciaux pourra varier toutes les fois que le ministre le jugera convenable.

Art. 13. Les inspecteurs généraux et les inspecteurs spéciaux seront logés par les villes, et il leur sera fourni un emplacement pour leurs bureaux. Cette dépense sera portée au budget des villes, au nombre des dépenses obligatoires.

Les commissaires de police des villes ou communes continueront à être payés sur les revenus municipaux.

Art. 14. Les inspecteurs généraux pourront faire faire des arrestations, après s'en être entendus avec le préfet du département dans lequel l'arrestation aura lieu.

En cas d'absence, d'urgence ou de dissentiment, la mesure ordonnée par l'inspecteur divisionnaire serait exécutée provisoirement ; mais, en cas de conflit, il en serait immédiatement référé au ministre de l'intérieur et au ministre de la police générale.

Art. 15. Les inspecteurs spéciaux ne pourront, excepté le cas de flagrant délit, faire faire une arrestation qu'après en avoir reçu l'ordre de l'inspecteur général, auquel ils rendront compte de toutes leurs opérations.

Art. 16. Les inspecteurs généraux et les inspecteurs spéciaux informeront les préfets de leurs arrondissements de tout ce qui pourra intéresser le département. Ils seront tenus de déférer aux réquisitions qui leur seront adressées par ces fonctionnaires pour le bien du service.

Art. 17. Les inspecteurs généraux, les inspecteurs spéciaux et les commissaires de police pourront requérir, pour assurer l'exercice de leurs fonctions, la garde nationale, la gendarmerie et la force armée.

SECTION IV.

DU NOMBRE, DE LA RÉSIDENCE DES INSPECTEURS GÉNÉRAUX ET DE LEURS ARRONDISSEMENTS.

Art. 18. Il y aura neuf inspecteurs généraux, dont les

résidences sont fixées à Paris, Lille, Metz, Lyon, Marseille, Toulouse, Bordeaux, Nantes et Bourges.

Le cercle de leurs attributions comprendra, savoir :

Pour l'inspecteur général résidant à Paris, les 1re et 2e divisions militaires, excepté le département de la Seine, qui reste dans les attributions exclusives du préfet de police de Paris.

Pour celui résidant à Lille, les 3e et 4e divisions militaires ;

Pour celui résidant à Metz, les 5e et 6e divisions militaires ;

Pour celui résidant à Lyon, les 7e et 8e divisions militaires ;

Pour celui résidant à Marseille, les 9e, 10e et 17e divisions militaires ;

Pour celui résidant à Toulouse, les 11e et 12e divisions militaires ;

Pour celui résidant à Bordeaux, les 13e et 14e divisions militaires ;

Pour celui résidant à Nantes, les 15e, 16e et 18e divisions militaires ;

Enfin, pour celui résidant à Bourges, les 19e, 20e et 21e divisions militaires.

Art. 19. Il y aura douze inspecteurs spéciaux dont la résidence sera au chef-lieu de chacune des divisions militaires autres que les neuf villes indiquées ci-dessus. Leur nombre pourra être augmenté si le besoin du service l'exige.

CIRCULAIRE DU MINISTRE DE LA POLICE GÉNÉRALE.

Paris, le 14 février 1852.

Monsieur l'inspecteur général, au moment où vous allez prendre possession des hautes fonctions qui vous sont confiées, il est nécessaire de déterminer la nature et le but de votre mission.

Vous vous êtes déjà pénétré de la pensée qui a présidé à la création du ministère la police générale. Par la lettre qu'il m'a fait l'honneur de m'adresser le 31 janvier dernier, le Prince-Président a pris le soin de la préciser lui-même. Qu'elle reste présente à votre esprit, comme la règle de votre conduite et la lumière la plus sûre à suivre dans l'accomplissement de vos fonctions.

Le ministère de la police, je ne saurais trop vous le répéter, sert à surveiller tous les services sans se mêler en rien d'administration. Il est institué pour recueillir et concentrer auprès du Président de la république tout ce qui, dans un intérêt public, doit parvenir à sa connaissance. Convaincu du véritable but de l'institution, efforcez-vous donc d'éclairer tous les fonctionnaires sur la nature de vos attributions spéciales ; calmez les inquiétudes, dissipez les préventions qui auraient pu s'élever.

Afin de tout savoir et d'en faire profiter le gouvernement, vous pouvez correspondre avec les préfets et leurs subordonnés, avec les magistrats, avec les officiers de gendarmerie, avec les employés des finances et de l'instruction publique, avec les ingénieurs, sans que cette correspondance, d'un intérêt purement général, puisse, en quoi que ce soit, altérer les rapports de ces différents fonctionnaires avec leurs ministres respectifs, et affaiblir les liens de la hiérarchie ordinaire.

C'est à une époque surtout où quatre ans d'agitations et de luttes incessantes avaient paralysé tout développement de pensées et de projets utiles, allumé tant de passions, déclassé tant d'existences en éveillant tant d'ambitions, c'est à une pareille époque que l'action tutélaire d'un ministère de la police générale devenait indispensable.

Aujourd'hui que la France se relève de son affaissement, il faut se hâter de lui rendre sa force et sa prospérité.

Vous êtes appelé à concourir à cette œuvre de réparation et de salut, et pour la seconder votre action doit s'exercer dans une double direction.

Féconder la victoire de l'ordre sur l'anarchie, en garantissant au pays le repos matériel et moral que lui promet le pouvoir protecteur du 2 décembre : paralyser l'esprit de désordre en désarmant surtout son audace par la certitude d'une infaillible répression ; lasser son activité malfaisante par votre vigilance et votre inébranlable énergie ; le suivre dans ces ténébreuses associations où s'ourdissent les plus abominables complots ; combattre l'esprit de parti, quelque drapeau qu'il arbore ; prémunir l'opinion contre les fables inventées par une infatigable malveillance ; rendre aux actes du gouvernement leur véritable caractère, quand une hostilité perfide travaille à les dénaturer ; encourager les hommes sincèrement dévoués au pouvoir en les signalant à sa sollicitude ; chercher le mérite sans ambition et le faire connaître, tel est, monsieur l'inspecteur général, ce que je puis appeler le côté politique de vos attributions.

Mais si vous représentez le pouvoir qui observe, qui signale et qui provoque la répression, vous saurez maintenir sa dignité, son autorité morale par le respect scrupuleux des attributions judiciaires. Où commence l'action de la justice celle de la police s'arrête.

Surtout ne détournez jamais les yeux de ces plaies sociales jusqu'ici trop négligées : le vagabondage, source de tous les désordres ; la mendicité dont vous devez seconder la répression en provoquant les ressources de la bienveillance publique ou privée. Purger le pays de ces publications incendiaires qui pervertissent les populations ; surveiller le colportage et vous assurer de la moralité des associations et du but qu'elles se proposent, ce sont là encore des devoirs dont je vous recommande l'accomplissement.

Au point de vue économique, et c'est là leur second aspect, vos attributions n'ont pas moins d'importance.

Etudier partout les besoins des populations, les améliorations de toutes sortes que l'intérêt public réclame ; tenir compte, pour les recommander à la sollicitude du gouvernement, des idées utiles et trop souvent enfouies faute d'un moyen de se faire jour ; sonder la pensée des masses sur les innovations politiques ou économiques jetées dans le domaine de la discussion ou de l'étude ; veiller à tout ce qui touche à la santé publique, au bien-être moral et matériel des populations ; y dévouer vos forces, votre intelligence et toutes les ressources que le pouvoir place entre vos mains : tel est, je vous le répète, le côté économique de la haute mission qui vous est confiée.

Si, en d'autres temps, des préventions se sont élevées contre l'institution d'une police générale, c'est, il faut le reconnaître, parce qu'elle avait été détournée de son but essentiellement moral, et qu'en la détournant, on l'avait mise au service des passions politiques et privées. C'est là un écueil contre lequel vous devez vous prémunir sans cesse.

Que votre autorité se renferme donc scrupuleusement dans ces limites, au delà desquelles elle deviendrait oppressive et inquisitoriale.

Si vous savez, comme je l'espère, vous conformer à ces instructions, la police ne sera un sujet d'effroi que pour les méchants; les citoyens paisibles n'y verront, au contraire, qu'une sauvegarde, et comme l'a dit le Prince lui-même, que le moyen le plus efficace de faire parvenir sans cesse au chef de l'Etat la vérité, qu'on s'efforce trop souvent de tenir éloignée du pouvoir.

Recevez, monsieur l'inspecteur général, l'assurance de ma considération distinguée.

Le ministre de la police générale,

DE MAUPAS.

PRÉFECTURE DE POLICE.

(ORGANISATION.)

> « L'action de la police ne doit
> » jamais se montrer tracassière. »
> (PIÉTRI.)

ATTRIBUTIONS DU PRÉFET DE POLICE.

On l'a dit avec raison : « Si l'honneur est le prix du péril, si la dignité d'une fonction doit se mesurer sur les services qu'elle est appelée à rendre, le préfet de police est le premier magistrat de la capitale. »

En effet, tel que nous le voyons dans l'arrêté du 12 messidor an VIII, les attributions du préfet de police sont considérables.

Art. 2. Le préfet de police pourra publier de nouveau les lois et règlements de police et rendre les ordonnances tendant à en assurer l'exécution.

Art. 21. Le préfet de police sera chargé de tout ce qui a rapport à la petite voirie, sauf le recours au ministre de l'intérieur contre ses décisions. Il aura, à cet effet, sous ses ordres un commissaire chargé de surveiller, permettre ou défendre l'ouverture des boutiques, étaux de boucherie et de charcuterie, l'établissement des auvents ou constructions du même genre qui prennent sur la voie publique, l'établissement des échoppes ou étalages mobiles; d'ordonner la démolition ou réparation des bâtiments menaçant ruine.

Art. 22. Le préfet de police procurera la liberté et la sûreté de la voie publique, et sera chargé, à cet effet, d'empêcher que personne n'y commette de dégradation ;

de la faire éclairer; de faire surveiller le balayage auquel les habitants sont tenus devant leurs maisons, et de le faire faire aux frais de la ville dans les places et la circonférence des jardins et édifices publics ; de faire sabler, s'il survient des verglas, et de déblayer, au dégel, les ponts et lieux glissants des rues; d'empêcher qu'on n'expose rien sur les toits ou fenêtres, qui puisse blesser les passants en tombant; il fera observer les règlements sur l'établissement des conduits pour les eaux de pluie et de gouttières.

Il empêchera qu'on n'y laisse vaguer des furieux, des insensés, des animaux malfaisants ou dangereux; qu'on ne blesse les citoyens par la marche trop rapide des chevaux ou des voitures; qu'on obstrue la libre circulation, en arrêtant ou déchargeant des voitures et marchandises devant les maisons, dans les rues étroites et de toute autre manière.

Le préfet de police fera effectuer l'enlèvement des boues, matières malsaines, neiges, glaces, décombres, vases, sur les bords de la rivière après les crues des eaux. Il fera faire les arrosements dans la ville, dans les lieux et la saison convenables.

Art. 23. « Il assurera la salubrité de la ville, en prenant des mesures pour prévenir et arrêter les épidémies, les épizooties, les maladies contagieuses, en faisant observer les règlements de police sur les inhumations; en faisant enfouir les cadavres des animaux morts, surveiller les fosses vétérinaires, la construction, entretien et vidange des fosses d'aisance ; en faisant arrêter, visiter les animaux suspects de mal contagieux, et mettre à mort ceux qui en seront atteints; en surveillant les échaudoirs, fondoirs, salles de dissection et basse geôle ; en empêchant d'établir dans l'intérieur de Paris des ateliers, manufactures, laboratoires et maisons de santé, qui doivent être hors de l'enceinte des villes, selon les lois et règlements; en empêchant qu'on ne jette ou dépose dans les rues aucune substance malsaine; en faisant saisir et détruire dans les halles, marchés et boutiques, chez les bouchers, boulangers, marchands de vins, brasseurs, limonadiers, épiciers, droguistes, apothicaires ou tous autres, les comestibles ou médicaments gâtés, corrompus et nuisibles. »

Art. 24. Il sera chargé de prendre les mesures propres à prévenir ou arrêter les incendies. Il donnera des ordres aux pompiers, requerra les ouvriers charpentiers, couvreurs, requerra la force publique, et en déterminera l'emploi. Il aura la surveillance du corps des pompiers; le placement et la distribution des corps de garde et magasins de pompes, réservoirs, tonneaux, seaux à incendies, machines et ustensiles de tout genre, destinés à les arrêter.

En cas de débordement et débâcles, il ordonnera les mesures de précaution : telles que déménagement de maisons menacées, rupture de glaces, garage de bateaux. Il sera chargé de faire administrer des secours aux noyés. Il déterminera, à cet effet, le placement de boîtes fumigatoires et autres moyens de secours.

Il accordera et fera payer les gratifications et récompenses promises par les lois et règlements à ceux qui retirent les noyés de l'eau.

PRÉROGATIVES DU PRÉFET DE POLICE.

Tous les agents de la préfecture de police dépendent exclusivement du préfet; il peut révoquer ceux dont la nomination lui appartient et les suspendre tous; il règle curs traitements et dispose d'eux en toute liberté...

Le préfet de police, pour l'accomplissement de ses fonctions, est investi de deux droits importants, qui sont comme la base et le couronnement de son autorité.

Il fait, comme on vient de le voir, des règlements qui ont force de loi; il livre aux tribunaux ceux qui violent ces règlements, et a droit de décerner des mandats contre tout prévenu de crime ou de délit.

Le pouvoir de faire des règlements appartient à tous les maires, et c'est comme exerçant une partie de leurs fonctions que le préfet de police en est investi; mais les maires sont subordonnés aux préfets, et, à Paris, le magistrat chargé de la police est à la fois maire et préfet; pour ses attributions spéciales, il ne relève que du ministre.

L'étendue de sa juridiction, son rang dans l'ordre administratif, la grandeur des intérêts soumis à son autorité, contribuent également à donner de l'importance aux mesures qu'il a prescrites.

La loi, comme pour les placer au-dessus des simples règlements des maires, les qualifie d'ordonnances, à l'instar des dispositions qui émanent de la puissance royale, dit M. Vivien.

MÉCANISME DE LA PRÉFECTURE DE POLICE.

Le célèbre écrivain que nous venons de nommer, dans ses études administratives, a tracé en quelques lignes remarquables de précision et de clarté les rouages de cette vaste administration dont il a été le chef, pendant quelque temps, en 1831 :

« Le préfet de police doit surveiller plus qu'agir, prescrire plus qu'exécuter ; et, bien que ses employés intérieurs soient nombreux, c'est surtout au dehors et dans les services actifs que se manifeste son pouvoir. »

LES BUREAUX.

Les bureaux concertent les mesures à prendre, donnent l'impulsion, recueillent et constatent les résultats ; ils préparent, délibèrent, organisent ; ils sont la pensée et l'intelligence.

Les services actifs surveillent, exécutent, empêchent, préviennent, répriment. En rapport immédiat avec les citoyens, ils occupent tous les points, le jour, la nuit ; ils sont les yeux, les bras de l'administration. Mais dans la multitude des devoirs qu'ils ont à remplir, le rôle d'instruments passifs et muets ne suffirait pas, et leur obéissance a toujours besoin d'être éclairée par la réflexion et guidée par le discernement.

Le travail intérieur est distribué selon les diverses attributions du préfet. Le cabinet particulier traite seul les affaires politiques. Là, dans le secret, sous la garantie d'une confiance réciproque, se suivent les affaires les plus délicates, celles qui touchent à la sûreté de l'État, aux manœuvres des factions, aux sociétés secrètes, à leurs conciliabules ; affaires périlleuses qui engagent la responsabilité du chef, et dont il doit se réserver l'appréciation directe et exclusive.

Deux divisions, que leur titre définit suffisamment, la *division de sûreté* et la *division administrative*, se partagent les affaires non politiques ; le *secrétariat général* dirige les intérêts propres à l'administration, considérée en elle-même, le personnel, le matériel, et un certain nombre d'objets non classés dans les divisions :

Les bureaux ne diffèrent de ceux des ministères ou des grandes administrations qu'en ce qu'ils exigent, des employés qui les composent, une promptitude spéciale d'examen, de décision et d'expédition.

L'organisation des services extérieurs est forte et puissante.

Chacun sait que Paris est divisé en douze arrondissements et quarante-huit quartiers : dans chaque arrondissement est établie une brigade d'inspecteurs et de sergents de ville, sous la direction d'un officier de paix ; dans chaque quartier réside un commissaire de police, secondé par un ou deux secrétaires, collaborateurs sédentaires, et par un inspecteur de police au moins et un porte-sonnette, agents extérieurs et d'exécution.

COMMISSAIRES DE POLICE.

Les commissaires de police sont indépendants des officiers de paix, et leurs supérieurs dans l'ordre de la hiérarchie. Ils sont nommés par ordonnance du roi, relèvent à la fois du préfet de police, qui les tient sous son autorité, et du procureur du roi, dont la loi les a fait les auxiliaires.

Ils ont leur bureau toujours ouvert et y remplissent un ministère de conciliation et d'ordre fort utile, fort apprécié de la population parisienne, qui trouve en eux des arbitres et des pacificateurs. Ils se tiennent à la disposition des citoyens qui réclament assistance dans quelque trouble public ou privé, reçoivent et interrogent les individus arrêtés, veillent à l'exécution des ordonnances de police, à tout ce qui concerne la salubrité, la propreté, etc. Pendant quelque temps, ils portèrent le titre de *magis-*

trat de sûreté, et peut-être, à Paris, auraient-ils dû le conserver ; car ils remplissent une véritable magistrature, et la sûreté des citoyens trouve en eux d'énergiques défenseurs. Ils entretiennent des relations directes et journalières avec le préfet, qui les emploie dans tous les services de l'administration.

Les officiers de paix, les inspecteurs non attachés aux commissaires et les sergents de ville appartiennent à un bureau central, placé auprès du préfet sous la direction d'un commissaire, et désigné sous le nom de *Police municipale.*

POLICE MUNICIPALE.

La police municipale est la source de toute la surveillance de la cité ; c'est elle qui répartit dans les douze arrondissements les brigades attribuées à chacun, et met en mouvement, selon les circonstances et les besoins de chaque jour, les brigades centrales réunies autour d'elle, les unes sans affectation spéciale, toujours disponibles à titre de renfort général, les autres chargées d'attributions distinctes, surveillant les filous ou les prostituées, les voitures publiques ou les hôtels garnis ; toutes constituées de manière à pouvoir se réunir à la fois, en un instant, sur le même lieu, pour intervenir, au nom de la loi, dans tout ce qui menace le repos des citoyens.

La police municipale constitue une force permanente et une réserve éventuelle ; son organisation est telle que, sans superfétation, sans dépense perdue, elle fournit ensemble, à Paris, pour les temps ordinaires, les agents nécessaires à l'exécution des lois, et, pour les jours d'agitation, une troupe active, courageuse, facile à mouvoir et toujours prête à saisir les auteurs ou les complices du désordre.

Outre les commissaires de police et la police municipale, qui embrassent dans leurs actions toutes les attributions du préfet, un personnel distinct d'inspecteurs est exclusivement attaché à plusieurs services spéciaux, ressortissant, selon leur objet, à l'une des deux divisions intérieures :

La bourse a son commissaire de police et ses gardes; la halle aux grains, son contrôleur et ses deux inspecteurs; la navigation et les ports, un inspecteur général et vingt-huit inspecteurs, sous-inspecteurs et préposés; le mesurage public et l'inspection des bois et charbons, quarante-et-un inspecteurs ou préposés;

La vérification des poids et mesures, six commissaires de police inspecteurs.

Douze dégustateurs procèdent à la visite des caves et vins du commerce de détail. Le nettoiement, l'arrosement et l'éclairage occupent un directeur et quatre-vingts inspecteurs ou agents de divers grades; la petite voirie, dix-sept architectes et inspecteurs; les voitures publiques, quatre-vingt-quinze contrôleurs et surveillants.

Deux ingénieurs et un inspecteur sont attachés à la surveillance des établissements dangereux, incommodes ou insalubres; un médecin à la morgue, et enfin douze médecins au dispensaire de salubrité.

Il y a eu dans ces derniers temps de notables améliorations dans les divers services de la préfecture de police.

Le personnel des employés a été considérablement augmenté; de là, célérité la plus grande dans l'expédition des affaires; répression immédiate de tout crime ou délit.

DEUXIÈME PARTIE.

POLICE JUDICIAIRE.

> « Nous devons nous étudier à
> » mettre les malfaiteurs sous la
> » main de la justice, avec toutes
> » les preuves qu'il nous aura été
> » donné de recueillir, dans le plus
> » court délai. »
> *(Circulaire du Préfet de police,*
> 15 décembre 1849.)

RECHERCHES DES CRIMES ET DÉLITS.

Comme officiers de police auxiliaires du procureur *impérial*, les commissaires de police, juges de paix, officiers de gendarmerie, maires et adjoints sont chargés, par les articles 48, 49 et 50 du Code d'instruction criminelle, de recevoir les dénonciations et plaintes de tous crimes et délits, et, en cas de flagrant délit, de dresser les procès-verbaux, de recevoir les déclarations de témoins, et de faire tous les actes qui tendent à constater le fait et à en rechercher les auteurs.

PLAINTES ET DÉNONCIATIONS.

§ Ier. Elles doivent être détaillées.

Les plaintes et dénonciations relatives aux crimes et délits doivent être, s'il est possible, encore plus claires, plus précises, plus complètes que celles qui concernent les contraventions. En cas de délits correctionnels, le procureur impérial doit y trouver tous les renseignements nécessaires sur le fait, sur sa nature et ses circonstances, sur les noms, prénoms, professions et demeures des parties et des témoins, s'ils sont connus, afin qu'il puisse juger de la compétence du tribunal correctionnel, et faire citer directement à ce tribunal le délinquant, dans le cas où il trouve que l'affaire n'est pas susceptible d'une instruction préalable.

§ II. Obligations de recevoir les plaintes et dénonciations.

Hors le cas où *très-évidemment* la dénonciation ou la plainte n'énoncerait aucun fait réputé par la *loi*, crime, délit ou contravention, l'officier de police est tenu de la recevoir : refuser serait un véritable déni de justice. S'il est douteux que les faits articulés constituent un délit, c'est à la justice seule qu'il appartient de lever ce doute.

L'officier de police ne peut donc refuser la plainte ou la dénonciation sous le prétexte que le caractère du fait est douteux ; il le peut encore moins sous le prétexte que la preuve serait impossible.

FLAGRANT DÉLIT ET CAS ASSIMILÉS AU FLAGRANT DÉLIT.

Dans tous les cas de flagrant délit, et dans tous ceux assimilés au flagrant délit, la loi impose l'obligation de dresser un procès-verbal, parce que la base de presque toute procédure criminelle ou correctionnelle est un procès-verbal constatant les traces du crime ou du délit.

§ Ier. Flagrant délit.

Le flagrant délit (et ici le mot délit employé dans son acception ancienne et générique, s'entend de tout délit proprement dit ou de tout crime) est celui qui se commet actuellement, ou qui vient de se commettre, et qui est, en quelque sorte, exposé à la vue de tout le monde ; par exemple, lorsqu'une maison vient d'être incendiée, ou qu'un homme vient d'être homicidé ou blessé sur la voie publique, ou qu'il arrive une émeute ; ou lorsqu'enfin la personne lésée, les témoins et le prévenu sont encore sur les lieux.

Il y a aussi flagrant délit, lorsque le prévenu est poursuivi par la clameur publique, ou que, dans un temps voisin du délit, il est trouvé saisi d'effets, armes, instruments ou papiers faisant présumer qu'il est auteur ou complice.

Dans ce cas, l'arrestation du coupable, ou la saisie de pièces de conviction sur sa personne, dans un temps rapproché du délit, rend le fait aussi patent que dans le cas de flagrant délit proprement dit.

§ II. Cas assimilé au flagrant délit.

Le cas assimilé au flagrant délit est celui où s'agissant d'un crime ou délit, même non flagrant, commis dans l'intérieur d'une maison, le chef de la maison requiert l'officier de police auxiliaire de le constater.

Dans ce dernier cas, qui se présente fréquemment, comme c'est la *réquisition* du chef de la maison, c'est-à-dire du propriétaire, principal locataire ou locataire particulier, qui fonde la compétence de cet officier, *il est essentiel et indispensable* d'en faire mention.

PROCÈS-VERBAUX HORS LE CAS DE FLAGRANT DÉLIT, ET POUR FAITS PUREMENT CORRECTIONNELS.

Quoique la loi ne semble charger les officiers de police, auxiliaire du parquet, de desser des procès-verbaux qu'en cas de crimes et de flagrant délit, cependant l'usage introduit par la nécessité, est qu'ils en dressent aussi hors le cas de flagrant délit, et même quand il s'agit seulement d'un fait correctionnel.

Si leurs procès-verbaux, dans ce cas, paraissent n'avoir pas la même force, ils servent au moins de renseignements.

Il arrive souvent d'ailleurs qu'un fait qui dans le principe n'a paru que purement correctionnel, est reconnu un véritable crime par la preuve ultérieure de circonstances aggravantes qui avaient échappé aux premières recherches.

Il est donc nécessaire que, *dans tous les cas*, les procès-verbaux soient faits et rédigés avec le même soin.

Dans les cas de flagrant délit au autres, on ne peut se dispenser de dresser procès-verbal sous le prétexte que la preuve est impossible ou que le prévenu est inconnu, parce que les preuves qui manquaient peuvent s'acquérir par la suite, et que le prévenu peut être découvert un jour.

PREMIÈRES RECHERCHES.

Les recherches les plus promptes sont les plus fructueuses : le moindre retard peut faire disparaître des indices souvent fugitifs.

Lorsque l'officier de police auxiliaire a négligé de constater le fait, ou qu'en le constatant il a omis de recueillir des indices essentiels, cette omission est presque toujours sans remède. Aussi, ces premières recherches exigent-elles tout son zèle, toute son activité, toute son attention. Un crime ou un délit lui est-il déféré, il doit se transporter sans retard sur les lieux ; en décrire scrupuleusement l'état, se saisir des armes, des instruments et de tout ce qui aurait servi à commettre le crime, des objets suspects que le prévenu aurait abandonnés ou bien oubliés, des choses qui seraient le produit du crime, ou qui pourraient servir à la manifestation de la vérité; entendre les personnes lésées, si elles n'ont pas encore porté plainte ou si elles ont de nouvelles explications à fournir; recevoir les déclarations des personnes présentes qui auraient des renseignements à donner;

Appeler au procès-verbal les parents, voisins, amis, domestiques, ou tous autres en état de donner des éclaircissements ;

Rechercher et entendre, surtout en leurs déclarations, les personnes qui, dans des instants rapprochés du délit, auraient rencontré ou vu rôder le prévenu dans les lieux ou aux environs des lieux ; appeler les personnes qui, par

3

leur art ou leur profession, sont capables d'apprécier la nature du fait et des circonstances ;

Défendre, si cela est nécessaire, à qui que ce soit de sortir de la maison ou de s'éloigner des lieux jusqu'après la clôture du procès-verbal, de peur que l'indiscrétion ou la connivence ne trahisse le secret de ses opérations ; faire comparaître devant lui le prévenu en vertu d'un mandat d'amener, s'il est connu ou suffisamment désigné ; l'interroger sur l'emploi de son temps avant, pendant ou après le délit, sur le délit même et ses circonstances ;

Vérifier sur-le-champ ses réponses ; les confronter, s'il est utile, aux plaignants, aux témoins ou autres prévenus ; se saisir, au moment même de son arrestation, des armes, instruments, effets et papiers qui auraient rapport au délit ou qui seraient suspects ; faire sans délai perquisition dans ses divers domiciles, dans ceux de ses concubines ou de ses affidés, dans les lieux où il aurait une retraite ou un dépôt d'effets ;

S'y saisir également de tous instruments, armes ou objets suspects ;

Représenter au prévenu les choses saisies, soit sur le lieu du délit, soit sur sa personne, soit dans son domicile, soit chez ses concubines ou ses affidés ;

Le faire expliquer sur ces choses, sur la possession qu'il en aurait eue, ou l'usage qu'il en aurait fait ;

Appeler et entendre en leurs déclarations les personnes qui pourraient déposer de cette possession ou de cet usage, celles de qui le prévenu tiendrait ces choses, ou qui les auraient seulement aperçues dans ses mains peu d'instants avant le délit ;

Recueillir des hommes de la force publique qui ont été appelés sur les lieux ou qui ont concouru à l'arrestation, ou de toutes autres personnes, les aveux ou discours suspects qui seraient échappés au prévenu sur le lieu du délit, lors de son arrestation, au corps de garde, ou pendant sa conduite devant l'officier public;

Vérifier sans délai les relations qui pourraient exister entre lui et les personnes avec qui il aurait prié de le laisser communiquer;

Vérifier, surtout en cas de vol, la légitimité de la possession des reconnaissances du Mont-de-piété, saisies chez le prévenu ou sur sa personne;

Constater avec les mêmes détails les autres crimes et délits, connexes ou non connexes, que les recherches feraient découvrir;

Veiller à ce que le prévenu ne jette ou ne détruise des pièces à conviction ou des objets suspects, et ne communique avec personne;

Désigner, autant que faire se pourra, les noms, prénoms, âges, lieux de naissance, professions et domiciles des personnes lésées, des personnes inculpées, des témoins, des hommes de la force publique, et des experts, afin qu'en procédant à l'instruction on puisse les retrouver et les appeler facilement;

Faire donner par les plaignants, dénonciateurs et témoins, et consigner dans la procédure le signalement exact et détaillé de la personne et des vêtements des inculpés non arrêtés, afin de faciliter la recherche et de donner plus de poids à la reconnaissance ultérieure des inculpés par ces diverses personnes;

Enfin recueillir scrupuleusement tous les indices, tous

les renseignements relatifs à la passion ou à l'intérêt qui auraient déterminé le crime :

Tel est le sommaire des principales opérations que l'officier public a à faire ;

Opérations qui doivent être effectuées avec ordre et détail et consignées avec clarté, précision et concision, en se servant, autant que possible, des expressions des plaignants, dénonciateurs, témoins et prévenus, et en employant toujours les termes techniques des experts.

CÉLÉRITÉ INDISPENSABLE.

En se livrant aux opérations que la loi confie à l'officier public, il ne doit pas oublier que c'est au premier moment du délit que la vérité tout entière se manifeste.

Le plaignant dans l'émotion causée par le tort qu'il vient d'éprouver ; les témoins dans l'indignation dont le fait les pénètre, s'expliquent avec franchise et véracité.

La justice n'est pas encore entravée par les conseils d'une pitié mal entendue, par les sollicitations, et par une foule de considérations préjudiciables à la société.

Le temps effaçant bientôt les premières impressions produites par le délit, si le fait n'était pas promptement constaté, il serait à craindre qu'on ne cherchât par la suite ou à le déguiser ou au moins à l'atténuer, en en dissimulant ou dénaturant les circonstances.

Quant au prévenu, interrogé sur-le-champ, dans le trouble inséparable de son arrestation, il n'a ni la faculté ni le temps de résister à l'ascendant de la justice, de préparer une défense artificieuse, ou de se concerter avec ses complices.

Il doit donc, sans aucune remise, entendre le dénonciateur ou le plaignant, les témoins, le prévenu ; ne pas désem-
parer que son opération ne soit consommée.

En cas de flagrant délit, il doit, dès son arrivée, se faire
désigner les témoins et empêcher qu'ils ne s'éloignent.

L'expérience prouve qu'une fois éloignés, soit indiffé-
rence, soit répugnance, soit encore crainte d'être détour-
nés de leurs occupations, loin de venir offrir leur témoi-
gnage à la Justice, ils s'efforcent de rester inconnus.

OBSERVATIONS

**Relatives aux agents du gouvernement et à certains fonc-
tionnaires inculpés de crimes ou délits.**

Hors le flagrant délit, il est des cas où l'on doit s'abstenir de faire arrêter et d'arrêter le prévenu. Ce sont ceux
où, s'agissant d'un crime ou délit commis par un agent
du gouvernement dans l'exercice de ses fonctions, il faut
préalablement obtenir l'autorisation de poursuivre cet
agent.

Ce sont encore ceux où certains fonctionnaires désignés
par la loi, ne peuvent être arrêtés, et leurs procès instruits
et jugés, que selon des formes spéciales ou par des magistrats spécialement chargés de procéder et de juger. Dans
ces divers cas, pour ne pas laisser perdre la trace du fait,
il est du devoir de l'officier de police, comme à l'égard des
autres crimes et délits, de faire toute l'introduction préli-
minaire, jusques et non compris l'arrestation et l'interrogatoire du prévenu.

IMPARTIALITÉ RECOMMANDÉE.

Du reste, dans toutes circonstances, l'officier public ne

doit pas oublier que, dans l'impartialité de son ministère, il a à recueillir tout ce qui est à la décharge, comme tout ce qui est à la charge du prévenu.

Si la société lui prescrit la rigoureuse obligation d'employer tous ses efforts à la recherche du crime, elle lui impose le devoir bien plus impérieux encore, d'user absolument de tous les moyens pour découvrir l'innocence et lui épargner une injuste et flétrissante persécution.

TROISIÈME PARTIE.

POLICE ADMINISTRATIVE.

RECHERCHE DES CONTRAVENTIONS.

> « L'infraction que les lois punissent
> » des peines de police est une contra-
> » vention. »
>
> (*Code pénal*, art. 1er.)

POLICE ADMINISTRATIVE.

Attributions des Commissaires de police administrative.

En police administrative, les commissaires de police surveillent le maintien habituel de l'ordre public, dans le but de prévenir les délits. Sous ce premier rapport, ils sont les magistrats de première instance auxquels les citoyens de toute classe peuvent avoir recours à tous les instants du jour et de la nuit, pour leur sûreté personnelle, et pour la répression de tous les désordres.

Leur autorité, protectrice de la liberté, de la sûreté individuelle et publique, est en même temps répressive de toutes les contraventions et délits qui blessent l'ordre public ; enfin, ils sont les premiers confidents des individus lésés dans leur personne ou leurs propriétés ; ils ont la surveillance et l'exécution de toutes les mesures de police administrative ordonnées par les préfets, les sous-préfets et les maires.

Dans la police administrative peuvent être classés tous les objets ci-après désignés, pour lesquels les commissaires de police ont une surveillance journalière à exercer :

1° La sûreté et commodité de la voie publique et de la petite voirie, ce qui comprend le nettoiement et l'éclairage des rues ; les dépôts de matériaux, leur enlèvement, les bâtiments en péril, les objets exposés sur les croisées ; les gouttières et enseignes saillantes ; les auvents et toute espèce de saillie ; les précautions à prendre par les maçons, les couvreurs et autres ouvriers ; les échoppes, les étalages, le stationnement des voitures, les ports et chantiers, les halles et marchés.

2° La vérification des demandes en permission pour les établissements de boucherie, boulangerie, charcuterie, brasserie, distillerie, fonderie, magasins de fourrage, chantiers de bois de chauffage, pour les ateliers et les manufactures insalubres par leur odeur ; pour les bals, concerts, spectacles et fêtes publiques ; pour l'usage des presses, balanciers et laminoirs.

3° Les précautions contre les incendies ; les secours à y porter ; les inondations et autres calamités ; les insensés, les animaux malfaisants, les maladies contagieuses.

4° Les secours à donner aux asphyxiés et au noyés ; la levée des cadavres, le transport dans les hôpitaux et hospices des malades indigents et des blessés.

5° La préservation et conservation des monuments publics ; la protection due à l'exercice des cultes ; le maintien des mœurs publiques.

6° Les permis de séjour, visa des passe-ports et cartes de sûreté ;

7° Le visa des registres des hôteliers et logeurs, les visites fréquentes dans les maisons garnies.

8° Le visa des livrets des ouvriers, les contestations entre les ouvriers et les maîtres, dans les lieux où il n'y a point de conseils de prud'hommes ; les commissionnaires stationnant sur la voie publique.

Enfin l'arrestation des filles de débauche.

CONTRAVENTIONS.

Recherche des contraventions.

L'infraction que les lois punissent des peines de police est une *contravention*, dit l'article 1er du Code pénal.

Il importe donc de ne pas perdre de vue qu'aujourd'hui dans le langage de la loi, le mot de *contravention* désigne un fait de simple police, punissable, soit d'une amende de 15 francs ou au-dessous, soit d'un emprisonnement de cinq jours ou au-dessous.

Les contraventions ont été établies, dit Nougarède dans son rapport au Corps législatif, pour obliger les citoyens à vivre selon les règles de la société civile.

L'article 2 du Code d'instruction criminelle charge MM. les maires, adjoints et commissaires de police, de recevoir, comme officiers de police judiciaire, les rapports, dénonciations et plaintes qui concernent toutes les contraventions. Il est ainsi conçu :

« Les commissaires de police, et dans les communes où

il n'y en a point, les maires, au défaut de ceux-ci, les adjoints de maire, rechercheront les contraventions de police, même celles qui sont sous la surveillance spéciale des gardes forestiers et champêtres, à l'égard desquels ils auront concurrence et même prévention. Ils recevront les rapports, dénonciations et plaintes qui seront relatives aux contraventions de police. — Ils consigneront, dans les procès-verbaux qu'ils redigéront à cet effet, la nature et les circonstances des contraventions, le temps et le lieu où elles auront été commises, les preuves ou indices à la charge de ceux qui en seront présumés les coupables.

DEVOIRS DES OFFICIERS CHARGÉS DE LA RECHERCHE DES CONTRAVENTIONS.

Rédaction des dénonciations, plaintes, rapports et procès-verbaux.

Les dénonciations, plaintes, rapports et procès-verbaux doivent énoncer d'une manière claire et précise :

1° La nature et les circonstances des contraventions ;

2° Le temps et le lieu où elles ont été commises ;

3° L'évaluation du dommage, surtout quand c'est le dommage qui règle l'amende ;

4° Les preuves et indices à la charge des prévenus ;

5° Les noms, professions et demeures des plaignants, des témoins, s'il en existe, et des contrevenants s'ils sont connus ; l'âge des contrevenants, quand à raison de l'âge, leurs parents sont civilement responsables ; les noms, professions et demeures des personnes soumises à la responsabilité civile résultant de la contravention.

Dans l'énonciation du temps de la contravention, il ne

faut jamais omettre *l'heure*, surtout quand l'heure est une circonstance aggravante ou atténuante, susceptible de modifier la nature même du fait, ou d'avoir quelque influence sur l'application du *maximum* ou du *minimum* de la peine.

Quant aux autres circonstances, elles sont trop nombreuses pour en donner des exemples. On évitera toute omission à cet égard, en faisant une lecture et en se pénétrant de toutes les dispositions de la loi, qui prévoit la contravention que l'on est appelé à constater.

On ne saurait trop recommander l'exactitude dans la rédaction et les formalités des procès-verbaux : ces actes sont ordinairement les seuls éléments d'après lesquels les tribunaux de police peuvent apprécier et juger les contraventions ; en sorte que de leur suffisance dépend essentiellement la bonne administration de la justice en cette matière.

§ II. Timbre et enregistrement des procès-verbaux.

Aux termes du § 1er de l'article 70 de la loi du 22 frimaire an VII, relative à l'enregistrement, tous les rapports et procès-verbaux de contravention doivent, sans exception, être visés pour timbre et enregistrés en *debet* dans les quatre jours.

§ III. Obligation de constater les contraventions dénoncées.

En cas de plainte, dénonciation ou rapport d'une contravention, quand la contravention a besoin d'être constatée et que surtout elle intéresse l'ordre, la sûreté ou la salubrité publique, l'officier qui a reçu l'un de ces actes doit se transporter *de suite,* sur les lieux.

§ IV. ARRESTATION NON AUTORISÉE.

Aucune contravention ne peut donner lieu à arrestation, même quand la loi prononcerait l'emprisonnement de simple police. On ne peut pas non plus procéder à l'arrestation dans les cas de délits correctionnels qui n'entraînent qu'une amende.

§ V. ABUS DE CERTAINS CERTIFICATS.

Une fois dressé, un procès-verbal appartient à la justice, et non à l'officier de police qui l'a rédigé : celui-ci ne doit donc jamais se permettre d'en atténuer ensuite l'effet au moyen de certificats ou attestations arrachés par l'importunité ou accordés par la complaisance.

PRINCIPALES CONTRAVENTIONS A CONSTATER SURTOUT A PARIS.

1° Les caisses, pots à fleurs et autres objets dont la chute peut occasionner des accidents, qui seraient placés ailleurs que sur des balcons et sur les appuis des croisées garnies de balustrades en fer, ou de barres transversales en fer, avec grillage en fil de fer maillé jusqu'à la barre la plus élevée, ainsi que l'écoulement d'eau sur la voie publique résultant de l'arrosement de ces fleurs (*ord. du* 23 *oct.* 1844) ;

2° Les embarras causés par les démolitions ou autres

objets entravant la voie publique, tels que : barrières pour conduite d'eau, etc., la négligence d'éclairer la nuit ces démolitions, ou tout ce qu'on aurait la permission d'y laisser et déposer momentanément (*ord. du 23 nov.* 1831, *et art. 471 du Code pénal*) ;

3° Les voitures, cabriolets, charrettes et chevaux abandonnés par leurs conducteurs (*art. 471 du Code pénal*) ;

4° Les bouchers allant au trot dans leurs charrettes, ou lorsque leurs charrettes ne sont pas couvertes (*ord. des 3 oct.* 1827, *et 9 mai* 1832) ;

5° Les charretiers montés sur leurs chevaux (*ord. du 9 mai* 1831) ;

6° Ceux qui ne cèdent pas la moitié du pavé, ou qui ne se tiennent pas à la portée de leurs chevaux (*art. 475 du Code pénal*) ;

7° Les conducteurs de bêtes de somme qui en sont éloignés (*art. 475 du Code pénal*) ;

8° Les réverbères des rues, quais, places, ponts, etc., qui seraient éteints avant les heures fixées. Voir à ce sujet le tableau d'éclairage déposé dans les postes, et l'article 30 de la présente instruction.

9° Les cafés, marchands de vin et tout débitant de boissons qui, sans autorisation spéciale de M. le préfet de police, ont leurs établissements ouverts après 11 heures du soir, ou même si, quoique ayant fermé, on est assuré qu'il existe une réunion chez eux. Dans ces deux cas, on doit se borner à déclarer procès-verbal au cabaretier, les agents n'ayant pas qualité pour faire ouvrir la porte de l'établissement afin d'en faire sortir les personnes qui s'y trouvent, à moins qu'il n'y ait tapage ou danger pour quelqu'un à l'intérieur (*ord. du 3 avril* 1819, *et lettres de M. le préfet de police des 24 déc. 1835 et 11 janv. 1836)*;

10° Les portes d'allées ouvertes après 11 heures du soir, seulement, quoique l'ordonnance de police du 8 novembre 1780 fixe cette fermeture à 8 heures en hiver, et à 10 heures en été (ce retard est toléré par la préfecture de police). Voir l'art. 29.

11° Les armes à feu, pétards, fusées et autres pièces d'artifice tirés dans les rues ou par les fenêtres (*art. 471 du Code pénal et ord. du 29 août 1829*);

12° Tout déménagement fait la nuit. (Cette contravention peut donner lieu à une arrestation, lorsque les personnes qui déménagent ne justifient pas qu'elles sont propriétaires des objets transportés);

13° Les individus qui font le métier de deviner ou pronostiquer, ou, enfin, d'expliquer les songes (*art. 479 du Code pénal*). Inviter le contrevenant à se rendre chez le commissaire de police ;

14° Les personnes qui brûlent de la paille sur la voie publique, qui suspendent au-devant des murs de face des maisons riveraines de la voie publique, des écriteaux servant à faire connaître les maisons, appartements, chambres, magasins et autres objets à vendre ou à louer, sans attacher ou appliquer contre les murs lesdits écriteaux ; les personnes qui jettent des pierres ou des bâtons dans les arbres bordant les contre-allées des boulevards et promenades, qui suspendent à ces arbres des écriteaux, enseignes, lanternes ou autres objets, ou y attachent des animaux ou des cordes pour faire sécher du linge, des étoffes ou autres choses ;

15° Les maréchaux-ferrants, layetiers, emballeurs, serfuriers, tonneliers, batteurs de plâtre, scieurs et tailleurs de pierre, scieurs de long et autres qui travaillent ou font travailler sur la voie publique; les épiciers, limonadiers et autres qui brûlent ou font brûler sur la voie publique, du café et autres denrées;

16° Les jeux de palets, de tonneaux, de siam, de quilles, de volants et tous autres jeux capables de gêner la circulation et occasionner des accidents;

17° Le parcours à cheval ou en voiture, même avec des voitures traînées à bras, des contre-allées des boulevards intérieurs et extérieurs de la capitale et de toutes les parties des promenades publiques, non closes, réservées aux piétons (*ord. du 8 août* 1829);

18° Les personnes qui, ayant une cour ou une porte-cochère, déposeraient des ordures, immondices, pailles et résidus quelconques sur une partie de la voie publique. Ces objets doivent être portés dans les voitures du nettoiement au moment de leur passage. Quant aux habitants des maisons qui n'ont ni cour ni porte-cochère, ils pourront déposer ces ordures dans la rue avant sept heures du matin, depuis le 1er avril jusqu'au 1er octobre, et avant huit heures le reste de l'année.—Toutefois, les résidus répandant une odeur infecte ne devront jamais être déposés sur la voie publique, ils seront portés directement aux voitures du nettoiement (*ord. du 5 novembre* 1846);

19° Les individus qui essayeraient des chevaux dans les rues de Paris (*ord. du 9 mars* 1846);

20° Les personnes qui jetteraient des ordures ou des eaux par les fenêtres (*art.* 471 *du Code pénal, et ord. du* 1er *août* 1820) ainsi que celles qui, en arrosant le devant de leurs maisons, lanceraient l'eau de manière à éclabousser les passants (*ord. du 27 juin* 1843), ou qui **laveraient** les devantures de leurs boutiques après les heures **fixées** pour le balayage , c'est-à-dire après sept heures du matin, du 1er avril au 1er octobre, et après huit heures le reste de l'année (*ord. du 5 nov.* 1846) ;

21° Les ouvriers en boutique qui troubleraient le repos public en travaillant avant quatre heures du matin et après neuf heures du soir, du 1er avril au 30 septembre, et avant cinq heures du matin et après neuf heures du soir, du 1er octobre au 31 mars (*ord. du 3 oct.* 1823) ;

22° Les personnes qui laveraient du linge dans les fontaines publiques (*ord. du 21 sept.* 1827), ou qui en laveraient dans le canal Saint-Martin, ailleurs que dans les bateaux affectés à cette destination (*ord. du 25 oct.* 1840, *art.* 117) ;

23° Les individus qui déchargeraient ou scieraient du bois sur les trottoirs, ou ceux qui fendraient du bois sur la voie publique ;

24° Quiconque faisant exécuter des travaux aux bâtiments riverains de la voie publique, pouvant faire craindre des accidents, ne placerait pas un ou deux hommes dans la rue pour en écarter les passants (*ord. de police du 8 août* 1829, *et art.* 479 *du Code pénal*), et quiconque, pendant la nuit, ferait faire à ces maisons des réparations sans autorisation du préfet ;

25° Les personnes qui ne retiennent pas leurs chiens lorsqu'ils attaquent ou poursuivent les passants (*art.* 475 *du Code pénal*). Voir les articles ci-après de 109 à 112 ;

26° Quiconque aurait, pendant la nuit, laissé des échelles ou autres instruments dans les rues dont puissent abuser les voleurs et autres malfaiteurs (*art. 470 du Code pénal*) ;

27° Les personnes qui, étant étrangères au service du nettoiement de Paris, auraient ramassé des boues, immondices, petit fumier, etc. (*ord. du 23 nov. 1831*) ;

28° Ceux qui jetteraient des pierres ou autres corps durs et immondices dans le canal Saint-Martin (*ordon. du 10 juin 1826*) ;

29° Les laitières qui s'établiraient sur la voie publique, sans ête munies d'une permission de l'autorité, ou qui vendraient à leurs places des fruits ou légumes, ou, enfin, qui ne seraient pas retirées à dix heures du matin au plus tard (*ord. du 1er oct. 1830*) ;

30° Les individus qui établissent ou tiennent, dans les rues, chemins, places ou lieux publics, des jeux de loterie, ou d'autres jeux de hasard (*ord. du 26 juil. 1777, et art. 47 et 477 du Code pénal*). Conduire les contrevenants chez le commissaire de police ;

31° Les individus qui montrent dans les rues de Paris des animaux malfaisants, tels que les ours, singes, etc., sans être munis d'une permission du préfet de police (*ord. du 3 août 1828*) ;

32° Quiconque pousserait les boues et immondices devant la propriété de ses voisins (*ord. du 27 mars 1834*) ;

33° Les marchands qui placent sous leurs balances des supports qui gênent la liberté de leurs mouvements (*ord. du 12 avril 1831*) ;

34° Les conducteurs de voitures de roulage, dites maringotes, attelées d'un seul cheval, qui conduiraient plus de trois voitures à la fois avec un seul conducteur ; et ceux qui, faisant conduire plusieurs convois qui se suivraient, ne laisseraient pas entre eux une distance de 5 mètres au moins ;

35° Les personnes qui ne casseraient pas les glaces au devant de leurs maisons ; qui, en cas de verglas, n'y jetteraient de la cendre, du sable ou du mâche-fer ; qui déposeraient dans les rues des neiges et glaces provenant des cours des habitations ; qui en jetteraient auprès des grilles et bouches d'égouts ou dans ces égouts, et enfin celles qui formeraient des glissades sur les boulevards, places et autres parties de la voie publique (*ord. du 7 déc.* 1842) ;

36° Les propriétaires de voitures de roulage et de toute espèce de voitures, même traînées à bras, servant au transport des marchandises, matériaux et autres objets, qui n'auraient point cloué en avant de la roue et au côté gauche de la voiture une plaque de métal indiquant, en caractères lisibles, leur nom, domicile, et la ville qu'ils habitent (*avis du préfet de police du 6 nov.* 1842);

37° Les propriétaires ou locataires qui ne feraient pas balayer la voie publique, gratter et laver les trottoirs chaque jour au devant de leurs maisons, boutiques, etc., entre 6 et 7 heures du matin, du 1er avril au 1er octobre, et entre 7 et 8 heures, depuis le 1er octobre jusqu'au 1er avril ; ceux qui déposeraient sur la voie publique des bouteilles cassées, morceaux de verre, de poterie et tous autres objets pouvant occasionner des accidents. (Ces objets doivent être portés aux voitures du nettoiement au moment de leur passage) ;

Les personnes qui secoueraient sur la voie publique des tapis ou autres objets pouvant salir ou incommoder les passants ; ceux qui jetteraient dans les égouts des corps ou matières pouvant obstruer ou infecter ces égouts, ou qui ne feraient pas nettoyer et dégager intérieurement les gargouilles placées sous les trottoirs des rues et dallage des boulevards, aux heures prescrites pour le balayage (*ord. du 5 nov.* 1846) ;

38° Les propriétaires ou locataires qui, pendant la durée des chaleurs, ne feraient pas arroser, à **11** heures du matin et à **3** heures de l'après-midi, la partie de la voie publique au devant de leurs maisons, boutiques et autres emplacements, et qui ne feraient pas écouler les eaux des ruisseaux pour en éviter la stagnation ;

Les propriétaires ou locataires de passages publics et à ciel ouvert, existant sur des propriétés particulières, ainsi que les concessionnaires de ponts pavés ou cailloutés, dont le passage est soumis à un droit de péage, qui ne se conformeraient à la précédente disposition (*même ord.*) ;

Les personnes qui se serviraient de l'eau stagnante des ruisseaux pour arroser, ou qui lanceraient l'eau sur la voie publique, de manière à gêner la circulation ou à éclabousser les passants (*ord du* **27** *juin* 1843) ;

39° Ceux qui auront exercé *publiquement* et *abusivement* de mauvais traitements envers les animaux domestiques (*loi du* 2 *juillet* 1850).

QUATRIÈME PARTIE.

POLICE SANITAIRE.

(HYGIÈNE PUBLIQUE.)

> « Je le pansay, Dieu le
> guérit. »
>
> (AMBROISE PARÉ.)

EXTRAITS

**DE L'ORDONNANCE DE POLICE CONCERNANT LES SECOURS
A DONNER AUX NOYÉS, ASPHYXIÉS OU BLESSÉS.**

On ne saurait trop rappeler les dispositions suivantes de l'ordonnance du 17 juillet 1850 :

Art. 2. Tout individu trouvé blessé sur la voie publique, ou retiré de l'eau en état de suffocation, ou asphyxié par des vapeurs méphytiques, par le froid ou par la chaleur, devra être immédiatement transporté au dépôt de secours le plus voisin, ou dans un hôpital, s'il s'en trouve à proximité, pour y recevoir les secours nécessaires.

Art. 3. Lorsqu'un individu sera retiré de la rivière, il n'est pas nécessaire, comme on paraît le croire assez généralement, de lui laisser les pieds dans l'eau jusqu'à l'arrivée des agents de l'autorité.

Les personnes présentes devront immédiatement s'occuper à lui administrer des secours, sans attendre l'arrivée des hommes de l'art ou des agents de l'autorité.

On devra également porter des secours immédiats à tout individu trouvé en état d'asphyxie par strangulation (pendaison). Les personnes qui arriveront les premières sur le lieu de l'événement devront s'empresser de détacher ou de couper le lien qui entoure le cou.

Art. 4. Si l'individu rappelé à la vie a besoin de secours ultérieurs, il sera transporté à son domicile, s'il le demande, sinon à l'hospice le plus voisin.

Art. 5. Aussitôt qu'un officier de police judiciaire aura été averti qu'une personne aura été asphyxiée, noyée, blessée ou victime de tout autre accident grave, il se transportera à l'endroit où se trouve l'individu ou sur le lieu de l'événement, et il en dressera procès-verbal. Il devra être assisté d'un médecin.

Le procès-verbal contiendra :

1° La désignation du sexe, le signalement, le nom, prénom, qualité et âge de l'individu, s'il est possible de le connaître ;

2° La déclaration de l'homme de l'art sur l'état actuel de l'individu ;

3° Les renseignements recueillis sur le fait ou sur l'accident ;

4° Les dépositions des témoins et de toutes les personnes qui auraient connaissance de l'événement.

Art. 6. Il sera alloué, à titre d'honoraires, récompense ou salaire aux personnes qui auront repêché, secouru ou transporté un noyé, un asphyxié ou un blessé, savoir :

1° Pour le repêchage d'un noyé rappelé à la vie, vingt-cinq francs ;

2° Pour le repêchage d'un noyé mort ou non rappelé à la vie, quinze francs ;

3° Pour le transport à l'hospice ou à son domicile d'un noyé, asphyxié ou blessé, trois à cinq francs, suivant les distances ;

4° A l'homme de l'art, les honoraires déterminés par le décret du 18 juin 1811 ; s'il y a lieu, une indemnité qui sera calculée sur la durée et l'importance des secours.

Il est réservé de faire remettre une médaille de distinction à toute personne qui se ferait remarquer par son zèle et son dévouement à secourir un noyé ou un asphyxié.

CHAPITRE I.

INSTRUCTIONS SUR LES SECOURS A DONNER AUX NOYÉS OU ASPHIXIÉS.

Remarques générales.

1° Les personnes asphyxiées ne sont souvent que dans un état de mort apparente.

2° Pour les personnes étrangères à la médecine, la mort apparente ne peut être distinguée de la mort réelle que par la putréfaction.

3° La couleur rouge, violette ou noire du visage, le froid du corps, la raideur des membres ne sont pas toujours des signes certains de mort.

4° On doit donc, à moins que la putréfaction ne soit

évidente, administrer des secours à tout individu noyé ou asphyxié, même après un séjour assez prolongé dans l'eau ou dans le lieu où il a été asphyxié.

5° Les secours les plus essentiels à prodiguer aux asphyxiés peuvent leur être administrés par toute personne intelligente ; mais, pour obtenir du succès, il faut les donner, *sans se décourager*, quelquefois pendant plusieurs heures de suite.

On a des exemples d'asphyxiés rappelés à la vie après des tentatives qui avaient duré six heures et plus.

6° Quand il s'agit d'administrer des secours à un asphyxié, il faut éloigner toutes les personnes inutiles ; cinq à six individus suffisent pour les donner ; un plus grand nombre ne pourrait que gêner ou nuire.

7° Le local destiné aux secours ne devra pas être trop chaud : la meilleure température est de 17 degrés du thermomètre centigrade (14 degrés de celui de Réaumur).

8° Enfin, les secours doivent être administrés avec activité ; mais sans précipitation et avec ordre.

ASPHYXIÉS PAR SUBMERSION (NOYÉS).

Règles à suivre par ceux qui repêchent un noyé.

1° Dès que le noyé est retiré de l'eau, on doit le coucher sur le côté, et de préférence sur le côté droit. On incline légèrement la tête en avant en la soutenant par le front ; on écarte doucement les mâchoires, et l'on facilite ainsi la sortie de l'eau qui pourrait s'être introduite dans la bouche et par les narines. On peut même, immédiatement après le repêchage du noyé, pour mieux faire sortir l'eau, placer à différentes reprises la tête un peu plus bas que le corps mais il ne faut pas la laisser chaque fois plus de quelques secondes dans cette position (1).

2° Pendant cette opération, qui ne doit pas être prolonlongée au delà d'une minute, on comprime doucement et alternativement le bas-ventre de bas en haut, et les deux côtés de la poitrine de manière à faire exercer à ces parties les mouvements qu'on exécute lorsqu'on respire.

3° Immédiatement après ces premiers soins, qui n'occuperont que quelques instants, le noyé doit être enveloppé, suivant la rigueur de la saison, de couvertures ou, à défaut de couvertures, de foin ou de paille, et transporté au bureau de secours promptement et sans secousses.

Pendant ce transport, la tête et la poitrine seront placées et maintenues dans une position plus élevée que le reste du corps; la tête restera libre et le visage découvert.

4° En même temps, on fera prévenir un médecin.

Des soins à donner lorsque le noyé est arrivé au dépôt des secours médicaux.

1° Aussitôt après l'arrivée du noyé, on lui ôtera ses vêtements le plus promptement possible. Il sera essuyé, revêtu d'une chemise ou peignoir en laine, coiffé d'un bonnet de laine, et posé doucement sur une paillasse ou un matelas, entre deux couvertures de laine.

2° On couchera encore une ou deux fois le corps sur le côté droit : on fera légèrement pencher la tête en la soutenant par le front, pour faire rendre l'eau. Cette opération, comme il a été dit, ne devra durer que quelques secondes

(1) Il faut bien se garder de la pratique suivie par quelques personnes, et qui consiste à suspendre le malade par les pieds, dans l'intention de lui faire rendre l'eau qu'il pourrait avoir avalée. Cette pratique est excessivement dangereuse.

chaque fois. Il est inutile de la répéter s'il ne sort pas d'eau, de mucosités ou d'écume. Dans le cas où les mucosités ou glaires ne s'écouleraient qu'avec peine, on en faciliterait la sortie à l'aide du doigt, des barbes d'une plume, ou d'un bâtonnet couvert d'un linge.

3° On cherchera à imiter les mouvements que fait la poitrine et le ventre lorsqu'on respire, en exerçant avec les mains sur ces parties des pressions douces, lentes et alternatives. On laissera, entre ces pressions, un intervalle d'environ un quart de minute; on les réitérera quinze à vingt fois de suite et on les suspendra pendant environ dix minutes. Il conviendra d'y revenir à plusieurs reprises.

4° Aussitôt que la respiration tend à se rétablir, c'est-à-dire dès qu'on s'aperçoit que le noyé *happe* pour ainsi dire l'air, il faut cesser tout moyen spécialement dirigé vers le rétablissement de cette fonction.

5° Si les mâchoires sont serrées, il convient de les écarter légèrement et sans violence, en employant le *petit levier en buis*. On maintient l'écartement obtenu en plaçant entre les dents un morceau de liége ou de bois tendre.

ASPHYXIÉS PAR LA FOUDRE.

Lorsqu'une personne a été asphyxiée par la foudre, il faut immédiatement la porter au grand air, la dépouiller promptement de ses vêtements, faire des affusions d'eau froide, pratiquer des frictions aux extrémités, et chercher à rétablir la respiration par des compressions alternatives de la poitrine et du bas-ventre, comme pour les noyés.

ASPHYXIÉS PAR LA VAPEUR DU CHARBON.

Pour les asphyxiés par la vapeur de charbon, des cuves

de raisins, des vins ou d'autres liquides en fermentation, des marnes, ou par défaut d'air respirable, il faut ouvrir les portes et les fenêtres, exposer les malades au grand air; les exciter, les frotter avec une forte brosse de crin, ou avec des linges trempés dans de l'eau froide et vinaigrée; insuffler de l'air par les narines ou la bouche, et donner au malade revenu à lui quelques cuillerées de vin chaud, sucré.

Il en est de même pour les asphyxiés des fosses d'aisance, puisards et égouts.

Quant aux asphyxiés par la chaleur, il faut les mettre dans un endroit frais, les déshabiller et leur donner un lavement d'eau salée.

Pour les asphyxiés par le froid, il faut les frotter avec de la neige et avec des linges imbibés d'eau glacée, puis dégourdie, puis tiède, et ne les approcher du feu que par degrés; chatouiller les narines, insuffler de l'air; frictionner avec une brosse sèche, administrer des lavements d'eau salée.

S'il n'y a qu'un membre gelé, n'agir par les frictions ou les bains que sur le membre malade.

On ne saurait continuer les remèdes avec trop de soins et de persévérance, car leur administration a quelquefois rappelé des personnes à la vie, huit à dix heures après l'événement.

CHAPITRE II.

DE LA RAGE.

Les chiens sont au nombre des animaux chez lesquels la rage peut se développer spontanément, et par lesquels elle se communique ensuite avec le plus de facilité.

On croit communément que la rage se déclare plutôt chez ces animaux pendant les grandes chaleurs et les grands froids qu'à toute autre époque.

L'ignorance où l'on est, en général, des premiers moyens préservatifs à employer en cas de morsure, a souvent occasionné de graves accidents.

Ces divers motifs ont déterminé la publication de l'avis suivant du Conseil de salubrité.

Avis important.

I. *Toute personne* mordue par un animal enragé, ou soupçonné tel, devra à l'instant même presser sa blessure dans tous les sens, afin d'en faire sortir le sang et la bave.

II. *On lavera ensuite cette blessure*, soit avec de l'alcali volatil étendu d'eau, soit avec de l'eau de lessive, soit avec de l'eau de savon, de l'eau de chaux ou de l'eau salée, et, à défaut, avec de l'eau pure, ou même avec de l'urine.

III. *On fera ensuite chauffer à blanc* un morceau de fer que l'on appliquera profondément sur la blessure.

Ces moyens, bien employés, suffiront pour écarter toute espèce de danger. Il est inutile de dire que toutes les fois qu'ils pourront être administrés par un homme de l'art, il y aura avantage pour la personne mordue ; et que, dans tous les cas, il sera nécessaire d'en appeler un, même après l'emploi de ces moyens, attendu qu'il pourra seul bien apprécier la profondeur des blessures, et qu'une cautérisation qui aurait été incomplétement faite serait sans efficacité.

On ne saurait trop rappeler au public le danger qui

existe dans l'usage des prétendus spécifiques que vendent et distribuent les charlatans.

On ne connaît, jusqu'à ce jour, de préservatif certain contre la rage, que la cautérisation suivie d'un traitement local convenable.

CHAPITRE III.

INSTRUCTION CONCERNANT LES MOYENS D'ASSURER LA SALUBRITÉ DES HABITATIONS.

Causes de l'insalubrité des habitations.

La salubrité d'une habitation dépend en grande partie de la pureté de l'air qu'on y respire. Tout ce qui vicie l'air doit donc exercer une influence fâcheuse sur la santé des habitants.

L'air des habitations est principalement vicié par les causes suivantes : le séjour de l'homme et des animaux ; la combustion des différentes matières employées au chauffage et à l'éclairage, les fuites de gaz, la stagnation et la décomposition des urines, des eaux ménagères, des immondices de toutes sortes, etc.

Effets de l'air vicié.

Les effets produits par l'altération de l'air des habitations sont toujours graves. Tantôt, ils consistent en accidents subits qui, comme l'asphyxie, peuvent mettre rapidement la vie en danger ; tantôt, ils se manifestent par des maladies aiguës, meurtrières ; tantôt enfin, se développant avec lenteur, et par cela même, excitant moins de défiance, ils ne deviennent apparents qu'après avoir jeté de profondes racines et miné sourdement la constitution.

L'étiolement et surtout les maladies scrofuleuses appartiennent à ce dernier ordre d'effets. Enfin, c'est dans les habitations dont l'air est insalubre que naissent et sévissent avec plus d'intensité certaines épidémies dont les ravages s'étendent ensuite sur des cités entières.

Notons ici que l'insalubrité peut exister aussi bien dans certaines parties des habitations les plus brillantes que dans les plus humbles demeures, et que, d'un autre côté, les plus humbles demeures peuvent offrir les meilleures conditions de salubrité.

Caractères que doit présenter l'air des habitations.

L'air des habitations doit être exempt de mauvaise odeur, aussi bien que celui des cours et des rues voisines ; il ne faut pas oublier, d'ailleurs, que le facile renouvellement de l'air est une condition essentielle de salubrité.

MOYENS D'ASSURER LA SALUBRITÉ DES HABITATIONS.

Ces résultats ne peuvent être obtenus que de la manière suivante.

Balayage.

Il faut balayer fréquemment, non-seulement les pièces habitées, mais encore les escaliers, corridors, cours et passages, en ayant soin de gratter les dépôts de terre et immondices qui résistent à l'action du balai.

Lavage du sol.

Les parties carrelées, dallées ou pavées doivent être, en outre, lavées d'autant plus souvent, que l'écoulement des eaux et l'accès de l'air extérieur seront plus faciles ; les planchers et les escaliers en bois doivent être essuyés après le lavage. Le lavage, lorsqu'il entraîne à sa suite un état permanent d'humidité, est plus nuisible qu'avantageux.

Le plus ordinairement l'eau suffit pour un lavage; mais, dans les circonstances d'infection et de malpropreté invétérées, il faut ajouter à l'eau environ un pour cent de son volume d'eau de Javel (1).

Peinture et lavage des murs.

Quand les chambres d'habitation sont peintes à l'huile, on doit les laver de temps à autre, afin d'enlever la couche de matières organiques qui s'y déposent et s'y accumulent à la longue.

La peinture à l'huile des façades des maisons, des murs des allées, des cours, des escaliers, des corridors, des paliers et même des chambres, est très-favorable à la salubrité. Cette peinture, qui s'oppose à la pénétration des murs par les matières organiques, assure en même temps leur durée; elle permet, en outre, les lavages dont il est parlé dans le paragraphe qui précède.

(1) A défaut d'eau de Javel, on peut employer le chlorure de soude (hypochlorite de soude) préparé, soit en faisant passer du chlore dans une solution de soude à 8 ou 9°, soit en mélangeant 1 kilogramme de chlorure de chaux délayé dans 15 litres d'eau avec 1 kilogramme de sel de soude (carbonate de soude) dissout dans 5 litres d'eau : ce mélange liquide déposé donne une solution claire qu'on peut employer comme nous l'avons dit pour l'eau de Javel.

Dans ces circonstances, les chlorures ou hypochlorites alcalins sont préférables au chlorure de chaux, car celui-ci laisse un composé très-hygroscopique (chlorure de calcium) qui, à la longue, entretiendrait dans les murs, carrelages, planchers, etc., une humidité permanente contraire à la salubrité.

Grattage.

Dans le cas de peinture à la chaux, il convient d'en opérer tous les ans le grattage, et d'appliquer une nouvelle couche de peinture.

Papiers de tenture.

Pour ce qui est des chambres ornées de papier de tenture, il est convenable, quand on les répare, d'arracher complétement le papier ancien, de gratter et reboucher les murs avant d'appliquer le papier nouveau.

Chambres à coucher dans les maisons particulières.

Il est important que le nombre de lits placés dans les chambres à coucher soit proportionné à la dimension de ces chambres, de telle sorte qu'il y ait au moins 14 mètres cubes par personne, indépendamment des moyens de ventilation.

Aération.

Les cheminées concourent aussi efficacement que les fenêtres au renouvellement de l'air des habitations. Elles sont mêmes indispensables dans les maisons simples en profondeur, et qui n'ont d'ouverture que d'un seul côté.

Les chambres où l'on couche devraient toujours en être pourvues, et il faut, pendant la saison chaude, s'abstenir de les boucher, surtout la nuit.

L'ouverture des fenêtres après le lever, les lits étant découverts, et pendant le balayage, est une bonne mesure de salubrité.

Produits gazeux de la combustion.

Les combustibles destinés à la cuisson des aliments ou

au chauffage, doivent être brûlés dans des appareils communiquant librement avec l'air extérieur, tels que cheminées, poèles, fourneaux munis d'une hotte, etc. Cette recommandation est surtout faite en vue des combustibles qui, tels que le *coke* et la *braise*, ne donnant pas de fumée, sont considérés à tort, par beaucoup de personnes, comme pouvant être impunément brûlés à découvert dans une chambre habitée.

Ce préjugé a été la cause de graves accidents souvent suivis de mort; il en est de même de la pratique, toujours dangereuse, de fermer complétement la clef d'un poêle ou la trappe intérieure d'une cheminée contenant de la braise enflammée, dans le but de conserver la chaleur dans la pièce. On ne doit pas oublier, en effet, que la braise, pendant tout le temps qu'elle brûle, fournit une grande quantité de gaz asphyxiants.

Eaux ménagères.

Il est très-important de ne pas laisser accumuler les eaux ménagères dans l'intérieur des habitations, particulièrement pendant la saison chaude.

Les cuvettes destinées à l'écoulement de ces eaux doivent être garnies de *housses*, ou disposées de telle sorte, que les eaux projetées à l'intérieur ne puissent jaillir au dehors.

Il faut bien se garder de refouler à travers les ouvertures de la grille qui se trouve au fond des cuvettes, les fragments solides dont l'accumulation ne tarderait pas à produire l'engorgement des tuyaux.

Quand les tuyaux sont extérieurs, il convient de s'abstenir, pendant les gelées, d'y verser les eaux ménagères;

l'engorgement, et quelquefois même la rupture de ces tuyaux pourraient en être la conséquence.

Enfin, lorsque l'orifice de l'un de ces tuyaux aboutit à une pierre d'évier placée dans une chambre ou dans une cuisine, on doit le tenir soigneusement fermé par un tampon ou par un siphon.

Il y a toujours avantage à diriger les eaux pluviales dans les tuyaux de descente de manière à les laver.

Dans tous les cas, lorsqu'ils exhalent une mauvaise odeur, on doit les désinfecter avec de l'eau contenant au moins *un pour cent* d'eau de Javel.

Une des pratiques les plus fâcheuses dans les usages domestiques, c'est celle de vider les urines dans les plombs d'écoulement des eaux ménagères. Il serait à désirer que cette habitude cessât partout où elle existe.

Ruisseaux.

Les ruisseaux des cours et passages qui reçoivent les eaux ménagères et les conduisent à ceux de la rue, doivent être exécutés en pavés, pierres ou fonte, suivant les dispositions locales. Les joints doivent être faits avec soin et les pentes régulières, de manière à permettre des lavages faciles et à empêcher toute stagnation d'eau.

Cabinets d'aisances.

La ventilation des cabinets d'aisances est d'une importance moyenne. Quand ils sont étroits et mal aérés, l'odeur qui s'en exhale, surtout à certaines époques de l'année, peut donner lieu aux accidents les plus fâcheux. Il est toujours possible de prévenir ces accidents et de ventiler complétement ces cabinets, par des ouvertures ou par un tuyau d'évent convenablement disposés.

CINQUIÈME PARTIE.

INSTRUCTIONS SPÉCIALES.

(DROITS ET DEVOIRS. — FORMULES.)

> « Épaminondas ne méprisa pas cet
> office, ainsi disant que, non seu-
> lement le *magistrat monstre quel
> est l'homme*, mais aussi *l'homme
> monstre quel est le magistrat*, il
> éleva en grande dignité et réputa
> tion cet office qui n'estoit rien
> auparavant. »
>
> (*Plutarque*, trad. d'AMYOT,
> œuvres morales. —*Préceptes
> d'admin.*, chap. 47.)

DROITS ET DEVOIRS.

Les Commissaires de police sont des magistrats de l'ordre administratif et judiciaire.

Les commissaires de police sont-ils magistrats ? le sont-ils absolument ? le sont-ils dans les termes de l'article 222 du code pénal ?

Je ne rechercherai point laborieusement l'étymologie du mot *magistrat*, ni s'il exprime celui *qui magis potest,* ce qui semblerait, en effet, ne s'appliquer qu'aux fonctions les plus relevées; et toutefois, je rappellerai que les Romains distinguaient différentes sortes de magistrature, selon qu'elles avaient le commandement seul, *merum imperium;* ou le commandement accompagné de juridiction, *mixtum imperium;* et qu'enfin ils distinguaient les grands et les petits magistrats, *majores et minores magistratus.*

Dans nos usages, je conviens que le mot de magistrature est plus particulièrement consacré à l'autorité judiciaire, et que le mot magistrat, dans le sens le plus élevé, n'était, en général, appliqué qu'aux membres des juridictions supérieures.

Mais ce mot, avec le temps, par l'usage encore, ou, si l'on veut, par l'abus, a été appliqué même aux fonctionnaires des autres hiérarchies; c'est ainsi qu'on dit proverbialement dans les préfectures, que le *préfet* est le *premier magistrat du département,* et dans les villes, que le *maire* est le *premier magistrat de la cité.*

Enfin, il est quelques contrées où l'on dit d'une manière absolue le *magistrat* pour signifier toute espèce d'autorité ayant droit de police ou de justice.

Mais, laissant là toutes ces significations, à mon avis la vraie définition du magistrat, ce qui le constitue véritablement tel, c'est lorsqu'il est dépositaire de l'autorité publique, par la délégation de la loi, avec le droit d'ordonner en son nom, *jus decernendi;* et c'est en ce sens que s'entendent les articles 228 et 223 du Code pénal, par opposition aux officiers ministériels et autres agents de la force publique dont parle l'article 224, et auxquels la loi n'impose que le devoir d'obéir.

Les commissaires de police sont-ils dans la première ou dans la seconde classe?

Evidemment ils sont dans la première classe, et par cela même exclus de la seconde. La division des pouvoirs est une des meilleures de nos institutions modernes, car c'est le principe de la liberté; de là, la différence établie par la loi entre le magistrat qui a le droit de requérir, et la force à laquelle s'adressent les réquisitions; de là également, la différence introduite quant à la responsabilité, qui pèse tout entière sur celui qui commande; quant à la considération, qui s'élève avec les fonctions, et se fortifie surtout par la manière de les exercer; enfin, quant à la pénalité, qui réprime plus sévèrement l'outrage, suivant qu'il s'adresse plus ou moins haut.

Le Code pénal a voulu protéger *les magistrats de l'ordre administratif et judiciaire :* tel est son texte. Or, les commissaires de police sont l'un et l'autre.

D'abord, ils sont dépositaires de l'autorité judiciaire à plusieurs titres : 1° comme officiers de police judiciaire ; 2° comme officiers du ministère public; 3° comme remplaçant les conseils de prud'hommes là où il n'y en a pas d'établis.

Comme officiers de police judiciaire, ils peuvent, 1° requérir directement la force publique; 2° faire saisir les prévenus en cas de flagrant délit; 3° décerner les mandats d'amener; 4° recevoir les plaintes et dénonciations ; tous actes qui n'appartiennent qu'à l'autorité publique, *ad jus decernendi.* (Art. 9, 11, 25, 40 et 50 du Code d'instruction criminelle.)

Comme officiers du ministère public, 1° ils exercent les

fonctions du ministère public près le tribunal de police ;
2° à ce titre, ils font citer les prévenus et les témoins ; 3° ils concluent, requièrent et font exécuter les
jugements. (Art. 144, 145, 153, 157 et 165 du même
Code.)

A ce double titre, ils sont donc fonctionnaires de l'ordre judiciaire ; ils sont magistrats.

Ils sont de plus dépositaires de l'autorité publique administrative.

En effet, les préfets, sous-préfets et maires ont l'administration, la police ; ils sont évidemment magistrats de
l'ordre administratif.

Or, les commissaires de police exercent les fonctions
de même nature ; ils en sont pour ainsi dire le dédouble-
ment. Voyez la loi du 21 septembre 1791, suivant laquelle
ils veillent au maintien et à l'exécution des lois municipales et correctionnelles ; et les fonctions qui leur sont
confiées sont dans l'ordre des pouvoirs propres ou délé-
gués aux corps municipaux.— Voyez aussi l'instruction du
7 ventôse an IX. Elle dit en termes exprès, « que les commissaires de police surveillent le maintien habituel de l'ordre public, dans le but de prévenir les délits. Sous ce
premier rapport, *ils sont les magistrats de première instance* auxquels les citoyens de toute classe peuvent avoir
recours à tous les instants du jour et de la nuit, et pour
la répression de tous les désordres qui leur portent pré-
judice, comme de toutes les contraventions et délits qui
blessent l'ordre public. »

Ce sont bien les mêmes fonctions que celles des maires,
car il n'y a de commissaires de police que dans les villes
au-dessus de 5,000 âmes, et dans les autres leurs fonctions

de commissaires sont remplies par les maires, et *vice versâ.*

En effet, 1° à défaut ou en cas d'empêchement de commissaire de police, les maires recherchent les contraventions. (Art. 11-14 du Code d'instruction criminelle.)

2° Les commissaires assistent concurremment avec les juges de paix et avec les maires, les officiers ministériels et agents de la force publique qui veulent s'introduire dans les maisons, ateliers, etc. (Art. 16 du même Code ; art. 587 et 591 du Code de procédure), pour que l'œil du magistrat surveille et modère l'action de la force, quand il est nécessaire qu'elle pénètre dans l'asile des citoyens.

3° Ils assistent (art. 42, 98, 105 du Code d'instruction criminelle) concurremment avec les maires aux procès-verbaux que dresssent les procureurs du roi. Ils visent, en certains cas, les mandats d'amener ou d'arrêt dressés par les juges de paix.

4° Ils font les sommations aux attroupements concurremment avec les maires et autres magistrats. La loi du 10 avril 1831 les appelle positivement magistrats.

Ils sont donc, comme les maires, dépositaires de l'autorité administrative, magistrats de l'ordre administratif.

Les commissaires de police sont surtout *magistrats* dans le système des art. 222 et suivants, Code pénal, qui les met en opposition avec les *agents de la force publique;* car il est évident qu'ils ne peuvent être rangés parmi ces agents. Ainsi,

1° Ils ont le droit de requérir cette force ; donc cette force n'est pas eux : on ne se requiert pas soi-même.

2° Ils décernent des mandats d'amener qui sont ensuite

remis aux agents de la force publique (art. 97 du Code d'instruction criminelle);

3° Dans les ouvertures de portes et de meubles, l'huissier, *agent de la force publique*, quoique porteur d'un arrêt, doit se faire assister par le commissaire de police, *dépositaire de l'autorité publique;*

4° L'art. 168 de l'ordonnance sur la gendarmerie (sauf l'exception qui existe pour les départements de l'Ouest) prescrit la même assistance.

5° Aux termes de l'art. 16 du Code d'instruction criminelle, les gardes champêtres et forestiers sont à la fois officiers de police judiciaire et agents de la force publique : pourtant, ils ne peuvent s'introduire dans les maisons; ils doivent se faire assister par le commissaire de police ou le maire; ils ne peuvent requérir directement la force publique, mais seulement se faire prêter main-forte : *c'est une sorte de clameur de haro!*

6° La loi du 10 avril 1831 sur les attroupements fait la même distinction : « Les sommations seront faites par tous *magistrats* et officiers civils chargés de la police judiciaire, autres que les gardes champêtres et les gardes forestiers. »

7° L'art. 37 de la loi de 1791, sur la réquisition de la force publique, déclare les commissaires de police responsables en cas de négligence ou d'abus de pouvoir dans la réquisition et l'action de la force publique. Ils sont donc autre chose que cette force; et cette force, en effet, par sa nature obéissante et passive, n'est pas responsable des ordres qu'elle a reçus.

Enfin, quels sont les éléments de la force publique?

C'est d'abord la garde nationale (or, les commissaires

ne peuvent en faire partie, loi du 22 mars 1831, art. 11)
c'est ensuite l'armée de la ligne, la gendarmerie, les gardes
champêtres et forestiers. Or, les commissaires de police
n'appartiennent à aucune de ces classes.

Ils rentrent donc dans la première.

En résumé :

1° Les commissaires de police, en soi, sont vrais *magistrats* par la nature même de leurs fonctions ;

2° Ils sont encore *magistrats* dans l'espèce et par application textuelle de l'art. 222, parce que, dans les
termes de cet article, combinés avec ceux de l'art. 224,
il suffit que les commissaires de police ne puissent pas
être relégués parmi les simples agents de la force publique,
pour qu'ils restent nécessairement compris dans les magistrats de l'ordre administratif ou judiciaire, dépositaires,
à ce titre, de la portion d'autorité publique qui leur est
déléguée.

D'après ce remarquable réquisitoire de M. Dupin, procureur général à la Cour de cassation, le 2 mars 1838, la
Cour a jugé que :

« Les outrages par paroles faits aux commissaires de
police, dans l'exercice de leurs fonctions, tombent sous la
pénalité de l'art. 222 du Code pénal, et non sous celle de
l'art. 224 du Code pénal. »

En d'autres termes que :

« Les commissaires de police doivent être considérés
comme compris dans l'expression : magistrat de l'ordre
administratif et judiciaire, dont se sert l'art. 222, et non
celle d'agent dépositaire de la force publique, dont se
sert l'art. 224.

ACTION DE LA POLICE.

A côté des mesures de rigueur qu'elle est obligée de prendre, la police doit être essentiellement protectrice, et son action ne doit jamais se montrer tracassière. Ainsi, soyez fermes, mais bienveillants ; que tous les agents sachent bien qu'ils doivent s'acquitter de leur tâche avec toute la modération compatible avec les nécessités du service, et que l'administration leur tiendra compte de la convenance des formes aussi bien que de l'activité et de l'énergie.

Accueillez toutes les réclamations, toutes les plaintes, avec bonté ; tâchez même de les prévenir aussi souvent que vous le pourrez. Faites que chacun aille à vous avec confiance, persuadé d'avance qu'il obtiendra de vous une bonne parole, un avis salutaire, un appui efficace. Descendez au fond de toutes les misères ; soyez les bienvenus dans la mansarde et dans l'atelier : mettez en œuvre pour découvrir un malheureux à secourir, un homme de bien à encourager, un ouvrier laborieux à aider, autant de soins, de zèle et d'intelligence que pour rechercher un coupable que la loi doit frapper.

Ne vous bornez pas à signaler le bien qu'on peut faire à des individus isolés ; préoccupez-vous également de celui qu'il est possible de répandre sur des classes entières.

Vous êtes en contact immédiat avec la population ; mieux que personne, vous connaissez ses besoins, ses intérêts, ses sentiments ; étudiez-les avec sollicitude et prenez l'initiative de tous les abus à réprimer, de toutes les améliorations, de tous les progrès à réaliser ; rien, à cet égard, ne doit vous rester étranger.

(M. Piétri, Préfet de police ;
extrait du discours prononcé le 29 mai 1852.)

— La constatation, la répression et la punition des crimes et délits, voilà la triple tâche imposée à la fois à la Police et à la Justice !

Promptitude dans la réception des déclarations, activité dans la recherche des coupables, juste sévérité dans l'application des peines, voilà les moyens de la remplir ; à la *Justice* seule appartient le dernier, à *Nous*, les deux autres.

Nous devons nous étudier à mettre les malfaiteurs sous la main de la Justice, avec toutes les preuves qu'il nous aura été donné de recueillir, dans le plus court délai.

(*Extrait de la Circulaire du Préfet de police,* 15 décembre 1849.)

— Mais si vous représentez le pouvoir qui observe, qui signale et qui provoque la répression, vous saurez maintenir sa dignité, son autorité morale par le respect scrupuleux des attributions judiciaires.

Où commence l'action de la Justice celle de la Police s'arrête !

(De Maupas, 14 février 1852. *Circulaire aux Inspecteur généraux.*)

— Son devoir qui l'oblige à l'exercice de ses fonctions, demande en lui trois qualités essentielles : la *capacité,* la *probité* et l'*application.*

Sans la capacité qui consiste au bon sens, éclairé de la science des ordonnances et règlements dont il doit maintenir l'exécution, il tombe dans des fautes considérables, n'y en ayant point de légère dans cette charge.

Sans la probité qui consiste dans la fermeté pour faire observer exactement et sans exception les règlements dont il est l'exécuteur, il prévarique et commet plusieurs injustices.

Et sans l'application et la vigilance qui demandent sa présence et l'exercice actuel de ses fonctions, dans les temps et les lieux où elles sont dues et nécessaires, il s'expose à manquer à son devoir, et à faire souffrir le public des mauvaises suites de sa négligence.

Préposé pour tenir la main à l'exécution des règlements, pour venger l'intérêt public, pour soutenir ceux de l'Église, du roi, de son seigneur, des mineurs et des absents, *il ne doit rien ignorer de ce qu'il doit savoir dans son ministère.*

La transgression des lois et des ordonnances sont des crimes plus ou moins grands; mais quelque légers qu'ils puissent être, il ne doit point les tolérer.

Mépriser et négliger les petites fautes, c'est en permettre de plus grande; l'impunité précipite les méchants en de nouvelles infidélités.

Pour exciter les juges à punir les crimes, saint Bernard dit que : « L'impunité excite à mal faire, qu'elle est fille de la négligence, mère de l'insolence, la source de l'impudence, la nourrice des iniquités et des transgressions de la loi. »

(DE FREMINVILLE.
Dictionnaire de police.)

A Paris, les agents faisant partie de la Police municipale ont dans leurs attributions :

Le maintien de la tranquillité publique et du bon ordre dans Paris ; l'exécution des lois et ordonnances de police ; la surveillance générale des douze arrondissements municipaux ; les recherches dans l'intérêt général et dans celui des familles ; la recherche des maisons de jeu ; la surveillance des voitures, des brocanteurs, de la prostitution, du transférement des détenus, des maisons et hôtels garnis ; la surveillance spéciale de jour et de nuit sur les rives du canal Saint-Martin.

La recherche, surveillance et capture des malfaiteurs dans les affaires d'assassinats, incendies, fausse monnaie, vols, faux, escroquerie, vagabondage ; les recherches relatives aux condamnés évadés, aux libérés en surveillance ou ayant rompu leur ban ; l'exécution des mandats, les perquisitions, etc.

La surveillance et les recherches dans les communes rurales autour de Paris ; les rondes de nuit.

Sur les procès-verbaux dressés à l'occasion des injures, outrages, résistance, envers les agents.

Les fonctionnaires publics et tous les agents de l'autorité dans l'exercice de leurs fonctions sont l'image et l'organe de la loi : le respect qui leur est dû dans la pratique de leur ministère est une des conditions essentielles de la force morale, dont ils ont besoin pour l'accomplir.

Le caractère public dont ils sont revêtus leur impose donc le devoir de constater les injures, les outrages et les actes de rébellion dont ils sont l'objet.

5.

S'il est de la plus haute importance que les délits commis envers les représentants de l'action publique ne restent jamais impunis, il est nécessaire, pour arriver à ce but, que les procès-verbaux soient toujours complets.

Le procureur impérial doit trouver dans la rédaction des procès-verbaux les éléments qui doivent caractériser le délit.

Dans les affaires d'injure ou d'outrage envers les agents, les paroles punissables doivent être par eux précisées : telle parole constitue un délit, telle autre parole un autre délit.

Dans les affaires de rébellion, le délit n'existe que lorsqu'il y a à la fois et *résistance* et en les mentionnant *voies de fait.*

Ces observations ne doivent pas être négligées. Il importe de constater avec clarté et précision les renseignements *sur le fait, sur sa nature*, sur ses circonstances, et d'exiger le récit exact et impartial des actes et des paroles.

On doit de suite entendre les témoins; car c'est dans le premier moment que les faits peuvent bien s'établir, surtout pour les délits qui intéressent particulièrement la force publique.

Si le fait est constaté, si le témoin n'est plus sous l'impression produite par le délit, il est à craindre qu'il n'ait plus le courage de dire la vérité, ou que des sentiments d'indulgence le portent à l'atténuer en dissimulant ou en dénaturant les circonstances.

L'officier public doit bien se pénétrer de la nécessité impérieuse qui veut que tous les agents de l'autorité soient toujours respectés, et de l'obligation qui lui est imposée de leur prêter l'appui de son ministère, pour que le citoyen coupable d'avoir méconnu la dignité et le caractère dont la loi les investit, ne puisse échapper à la peine qu'il a encourue.

Note aux Agents pour l'accomplissement des formalités d'audiences.

1° Arriver à midi 3/4 (les affaires dans lesquelles les sergents de ville sont entendus étant toujours jugées au commencement de l'audience) ;

2° Se présenter sans armes devant le tribunal ;

3° Écouter la lecture du rapport faite par le greffier ;

4° Quand le président dit : *Levez la main*, lever la main droite ;

Vous jurez de dire la vérité?

Répondre : Je le jure.

Quels sont vos nom, prénoms, âge, profession et demeure ?

Indiquer le nom (un seul prénom), l'âge, sergent de ville, à la Préfecture de police (sans donner le domicile personnel).

Êtes-vous parent, allié ou domestique du prévenu?

Répondre : Non, monsieur le président.

Faites vos dépositions.

Le jour indiqué dans mon rapport, j'ai remarqué, etc. ;

5° Ne jamais interpeller les prévenus ni les témoins; ne pas répondre à leurs interpellations ni à leurs récriminations, mais s'adresser directement au président, qui empêche tout colloque entre les personnes citées ;

6° S'exprimer avec la modération qui donne tant de

force à la déposition d'un témoin ; éviter toute citation d'ordonnance, ou d'ordres généraux appliqués à un cas spécial ;

7° Enfin s'en tenir au fait simple et aux circonstances accessoires de la contravention : tels que les injures, l'état d'ivresse, l'habitude de contrevenir, et laisser le soin de faire ressortir la gravité ou la nécessité d'une plus ou moins grande répression.

FORME EXTÉRIEURE DES ACTES DE PROCÉDURE.

En vain l'officier public aurait mis tout son zèle à rassembler les preuves d'un crime ou d'un délit, ses soins seraient perdus, s'il n'avait pas procédé avec la régularité prescrite par la loi.

Pour éviter l'anéantissement de ces actes, les formalités suivantes sont à observer :

PLAINTES ET DÉNONCIATIONS.

La plainte et la dénonciation peuvent être rédigées soit par le plaignant, le dénonciateur ou leur fondé de pouvoir spécial, soit par l'officier de police auxiliaire du procureur impérial.

Elles sont revêtues, à chaque feuillet, de la signature du plaignant, du dénonciateur ou de leur fondé de pouvoir et de celle de l'officier public.

S'il ne savent, ne veulent, ou ne peuvent signer, il en est fait mention.

La procuration, qui doit toujours être notariée, demeure annexée à la dénonciation ou à la plainte.

Si le plaignant veut se constituer partie civile, il doit le déclarer formellement. Il convient même, dans le plus grand nombre des cas, de lui faire, à cet égard, une intervention qui tend à décharger le Trésor des frais de la procédure.

§ 2. — *Procès-verbal constant le délit.*

Le procès-verbal constatant le délit est dressé non-seulement en présence soit du commissaire de police, soit du maire ou de l'adjoint, soit de deux domiciliés de la commune, à moins qu'il soit impossible d'en trouver, ce qu'il faut exprimer, mais encore en présence du prévenu, s'il est connu et arrêté, ou en cas d'impossibilité ou de refus de sa part, en présence de fondé de pouvoir qu'il aurait nommé. Il est signé à chaque feuillet par l'officier public ou les domiciliés requis d'y assister, par les parties, par les personnes qui y ont été présentes et par l'officier public.

Tous les renvois doivent être signés : les ratures doivent être comptées et approuvées par des signatures spéciales ; rien ne peut être écrit par surcharge, hors ligne ou en interligne.

§ 3. — *Déclarations et interrogatoires.*

Il en est de même des déclarations de témoins et des interrogatoires du prévenu, qui doivent être signés à chaque feuillet, et dans lesquels les ratures et renvois doivent être approuvés par des signatures spéciales.

Les témoins sont entendus successivement et séparément les uns des autres. Ils déclinent préalablement leurs *noms*, *prénoms*, âge, profession et demeure ; ils déclarent s'ils sont domestiques, parents ou alliés des parties et à quel degré.

Lecture est faite aux témoins de leurs dépositions et au prévenu de ses réponses, avant de recevoir d'eux les signatures.

§ 4. — *Pièces de conviction.*

Pour assurer l'identité des pièces de conviction, ces pièces, ainsi que les papiers et objets saisis, sont représentés au prévenu ou à son fondé de pouvoir, si l'un ou l'autre est présent aux opérations et perquisitions.

Ils doivent être interpellés de les reconnaître et de les parapher. En cas de refus de le faire, il en est fait mention.

Les pièces de conviction sont closes et cachetées. Si cela est impossible et qu'elles ne soient pas susceptibles de recevoir des caractères d'écriture, il faut les renfermer dans un sac ou vase sur lequel on attachera une bande de papier, que le prévenu ou son fondé de pouvoir est interpellé de signer et parapher, et que l'officier public signe et paraphe lui-même, après l'avoir scellé de son sceau. Mention est faite au procès-verbal du refus de signer et parapher. On doit faire mention exacte de l'observation de ces formalités prescrites par la loi.

PIÈCES ARGUÉES DE FAUX ET PIÈCES DE COMPARAISON.

En cas de faux, la pièce arguée de faux et celles de comparaison sont représentées au dénonciateur ou plaignant, au prévenu, aux témoins et experts qui s'en expliquent, et elles sont signées et paraphées à toutes les pages par ces diverses personnes et par l'officier public.

§ 6. — *Rapport d'experts.*

Les médecins, chirurgiens, officiers de santé, experts, interprètes, prêtent le serment de faire leur rapport et de donner leur avis en leur honneur et conscience.

Leur rapport doit être, autant que possible, inséré dans le procès-verbal ; il est signé d'eux et de l'officier public, après lecture préalable, ce dont il doit être fait mention.

NÉCESSITÉ DE RÉDIGER LES DÉCLARATIONS DES TÉMOINS, ETC. SÉPARÉMENT DU PROCÈS-VERBAL DE DÉLIT.

La loi défendant de remettre aux jurés les déclarations des témoins, et les jurés ne devant prononcer que sur des débats oraux et sur les procès-verbaux qui constatent le délit, il convient de ne pas confondre dans les procès-verbaux les plaintes, dénonciations, dépositions de témoins et interrogations, et de dresser un procès-verbal séparé de ces espèces d'actes.

Mise en fourrière.

En matière de police, comme en matière correctionnelle ou criminelle, les bestiaux, animaux, voitures, instruments et objets semblables doivent, en cas de saisie ou séquestre, être conduits à la fourrière publique.

Celle de Paris est établie rue de Pontoise.

Les maires, aux termes de l'art. 12 du titre II de la loi du 6 octobre 1791, relative à la Police rurale, doivent désigner le lieu de la fourrière de leur commune.

Avis à donner à la justice aussitôt qu'un crime ou un délit a été commis.

Suivant l'art. 29 du Code d'instruction criminelle, tout fonctionnaire ou officier public, qui acquiert la connaissance d'un crime ou délit, est tenu d'en prévenir *sur-le-champ* le procureur du *Roi*.

Pour remplir ce vœu de la loi, les commissaires de police ou autres officiers de police auxiliaires, dès que la connaissance d'un crime ou d'un délit leur parviendra, doivent transmettre au procureur, *sans délai*, un bulletin signé, daté de jour et heure, énonçant sommairement :

1° La nature du crime ou délit ;

2° Le jour, l'heure, le lieu ;

3° Les noms, professions et demeures de la personne lésée et du prévenu, s'il est connu ; ou du moins, dans les cas graves et en cas de non arrestation, sa désignation et son signalement s'il est possible ;

4° La mention de l'arrestation ou de la non arrestation ;

5° Comment et à quelle heure la connaissance du crime ou délit est parvenue à l'officier de police qui donne l'avis.

Malgré cet envoi, l'officier de police doit commencer ou continuer ses recherches.

Les procès-verbaux doivent être transmis au parquet, *immédiatement*, avec la plus grande exactitude, afin qu'il puisse sur-le-champ continuer les poursuites commencées, en requérir de nouvelles, ou indiquer les opérations supplétives qui seraient nécessaires.

Casier judiciaire.

CRIMINELS.

Il existe aujourd'hui aux greffes de chaque Tribunal un casier judiciaire, où sont portées toutes les condamnations prononcées pour crimes ou délits.

Un extrait est transmis au greffe du Tribunal du ressort où est né l'inculpé. Pour compléter avec facilité les renseignements du bulletin judiciaire, il faut dans l'interrogatoire de l'inculpé indiquer avec soin :

Nom de l'inculpé. — Prénoms. — Age. — Date de naissance. — Arrondissement. — Département. — Demeure. — Profession. — S'il est célibataire. — Marié. — Veuf. — S'il a des enfants. — Combien.

FORMULES.

MANDAT D'AMENER DÉCERNÉ EN CAS DE FLAGRANT DÉLIT, OU DE FAIT ASSIMILÉ AU FLAGRANT DÉLIT.

Nous (exprimer le nom et la qualité de l'officier qui décerne le mandat).

Officier de police, auxiliaire de M. le Procureur impérial ;

Vu les articles 40, 49 et 50 du Code d'instruction criminelle,

Mandons et ordonnons à tous agents de la force publique ou de police, d'amener devant Nous, en se conformant à la Loi,

Le nommé   (mettre les nom, profession et demeure).

Pour être entendu sur les inculpations dont il est l'objet.

Requérons tous dépositaires de la force publique de prêter main-forte, en cas de nécessité, pour l'exécution du présent mandat scellé de notre sceau.

Fait à   le   an

(Signature et sceau.)

Ordre de consigne.

Nous, soussigné, commissaire de police de la ville de
requérons M. le commandant du poste   de garder, consigné au violon et à notre disposition, le nommé
qui ne pourra communiquer avec personne.
Le (date)

Le commissaire de police.

---

*Réquisitoire pour avoir des agents de la force publique à
sa disposition.*

Nous, soussigné, commissaire de police, requérons
M. le commandant du poste   de mettre deux
hommes de garde à notre disposition, pour service de
police.

---

*Procès-verbal de contravention de police, dressé par le
commissaire de police, le maire ou l'adjoint.*

L'an mil huit cent   le   heure de
Nous maire, (ou) adjoint du maire, (ou) commissaire
de police de la commune (ou) de la ville de   officier de police judiciaire,
Faisant notre tournée dans cette commune, (ou) dans
cette ville pour le maintien de la propreté, (ou) de la salubrité, (ou) de la sûreté publique ;
Nous avons reconnu et constaté que malgré l'avertis-
sement ordinaire donné aujourd'hui dans cette ville, (ou)

dans cette commune, le sieur Pierre N   propriétaire (ou) marchand de   demeurant en cette ville
rue N.   (ou) dans cette commune, avait négligé
de nettoyer la rue (ou) la partie de la rue dont le net-
toyage est à sa charge.

Nous faisons observer que pour pareil fait (ou) pour
telle autre contravention de police (l'exprimer) le sieur
Pierre N.   a déjà été condamné à des peines de
police par jugement du tribunal de police de cette ville
(ou) de ce canton, (ou) de cette commune, en date du
          dernier;

Attendu que, par sa négligence, le sieur N
est contrevenu ou § 3 de l'articte 471 du Code pénal, et
que, d'ailleurs, ce contrevenant est en récidive, nous
avons dressé le présent procès-verbal que nous avons signé
à chaque feuillet.

(*Signature.*)

(Faire viser pour timbre et enregistrer en *débet.*)

Déclaration de vol.

L'an mil huit cent   le   heure
Devant nous   (indiquer la qualité de l'officier
qui reçoit la plainte) officier de police, auxiliaire de M. le
procureur impérial,

S'est présenté le sieur N   (nom, prénom, âge,
profession et demeure),

Lequel nous a fait la déclaration suivante :

Il y a huit jours, je me suis absenté de mon domicile

avec ma famille. Je suis parti le dernier, et en partant j'ai fermé à double tour la porte de mon appartement. Aujourd'hui, à mon retour, je me suis aperçu que ma serrure n'était plus fermée qu'au pêne.

Entré dans mon appartement, j'ai vu que tout était bouleversé, que mes armoires, auxquelles j'avais laissé les clefs, étaient ouvertes et presque vides, que mon secrétaire était forcé.

Un examen rapide a fait reconnaître qu'on m'avait soustrait dans mon secrétaire ⸱⸱⸱⸱ pièces de vingt francs, et ⸱⸱⸱⸱ pièces de cinq francs, et dans mes armoires, meubles et autres endroits de mon appartement, tels et tels objets. (*Les désigner bien exactement.*)

Je suis sûr d'avoir fermé ma porte à double tour, parce qu'en partant, étant accompagné du sieur N⸱⸱⸱⸱ mon ami, j'ai remonté mon escalier avec lui pour mieux m'assurer que j'avais bien fermé ma porte.

J'avais aussi fermé mes fenêtres et mes volets, et cependant, en rentrant, j'ai trouvé ouverte une fenêtre donnant sur la rue.

Le vol paraissant avoir été commis par une personne qui connaissait les êtres de la maison, et qui savait que j'étais absent, mes soupçons ne peuvent tomber jusqu'à présent sur qui que ce soit.

Lecture faite, le déclarant a persisté et a signé avec nous.

Le commissaire de police,

Nous, commissaire de police,

Vu ce qui précède,

Nous sommes livré à une enquête dans la maison habi-

tée par le sieur N   et dans le voisinage, mais sans
résultat fructueux.

En conséquence, nous avons clos le présent procès-verbal qui sera transmis à M. le procureur impérial aux fins
de droit.

Voitures en contravention.

L'an mil huit cent   le   à   heure
Nous   étant en surveillance dans la rue de
à la hauteur du n°   pour le maintien de la sûreté
publique, avons vu une charrette attelée de chevaux qui
marchaient au trot. Nous avons immédiatement sommé le
conducteur de s'arrêter et de nous dire son nom. Il nous
a déclaré se nommer   et être au service du sieur
          profession de   demeurant rue de
à Paris. Ce que nous avons constaté en examinant la plaque.

En conséquence, nous commissaire susdit, attendu qu'il
résulte de ce que dessus que ledit   est inculpé
d'avoir contrevenu aux règlements de police municipale,
concernant la sûreté publique, disons que le présent procès-verbal sera aux fins de droit transmis à M. le juge de
paix du canton de

Fait en notre bureau, les jour, mois et an que dessus.

Le commissaire de police,

(Cachet.)

NOTA. Si le procès-verbal est fait par une simple agent,
il doit toujours être certifié véritable par le commissaire
de police.

Certifié véritable par nous commissaire de police de

Chiens non muselés.

L'an mil huit cent   le   à   heure
Nous   étant en tournée de surveillance dans la
rue de   à la hauteur du n°   avons vu
vaquant sur la voie publique, sans être muselé, un chien
(signalement de l'animal), que le sieur   profession
de   demeurant rue   n°
à   a reconnu pour lui appartenir

Attendu qu'il résulte de ce que dessus que ledit
est inculpé d'avoir contrevenu aux règlements de police
concernant les chiens, nous disons que le présent procès-
verbal sera transmis à M. le juge de paix du canton de

Immondices jetés ou déposés sur la voie publique.

L'an mil huit cent   le   à   heure
Nous   étant en surveillance rue de   à
la hauteur du n°   pour le maintien de la salubrité publique, avons vu le sieur   profession
          demeurant dans ladite rue, au numéro sus
indiqué, jetant ou déposant des immondices sur la
voie publique, ou secouant des tapis passé l'heure
fixée.

Attendu qu'il en résulte que ledit, en agissant ainsi, a
contrevenu aux règlements de police concernant la salubrité publique, nous envoyons le présent procès-verbal à
M. le juge de paix du canton de

Défau de balayage.

L'an mil huit cent   le   à   heure
Nous   étant en ronde pour l'exécution du balayage et le maintien de la propreté de la voie publique,
avons constaté que la partie de la rue de   ajoutant
la propriété du sieur   n'avait point été balayée depuis   jours.

Attendu que par cette négligence il s'est mis en contravention aux règlements de police concernant le nettoiement de la voie publique, nous lui avons dressé le présent
procès-verbal que nous transmettons aux fins de droit, à
M. le juge de paix du canton de

Envoi à la fourrière.

COMMISSARIAT DE POLICE DU CANTON DE

N° d'ordre de la fourrière.]

Monsieur le contrôleur de la fourrière des animaux,
voitures et objets saisis ou abandonnés sur la voie publique,
recevra et conservera jusqu'à nouvel ordre
Il est alloué au   commissionnaire,
la somme de un franc cinquante centimes pour frais de
conduite ou de transport.

Fait en notre bureau à   , le   185

Le commissaire de police,

eçu la susdite somme.
Le commissionnaire,

6

COMMISSARIAT DE POLICE DE

Déclaration d'une reconnaissance de Mont-de-piété perdue.

L'an mil huit cent cinquante
Devant nous,
Commissaire de Police de
s'est présenté
1   quel   nous a déclaré avoir perdu le bulletin servant de reconnaissance
par   engagé   le   sous le N°   chez
commissionnaire au Mont-de-piété, pour
le prêt de
Sont comparus en même temps comme témoins :
1° Le sieur
2° Le sieur
lesquels ont attesté, sous leur responsabilité personnelle, bien connaître l dit   pour être tel   qu' est qualifié ci-dessus ; pour être aussi de bonnes vie et mœurs, et incapable de faire une fausse déclaration, dans le but de s'approprier ce qui ne lui appartiendrait pas.

Lecture à eux faite, les susnommés ont signé avec nous la présente déclaration que nous avons délivrée a déclarant   pour lui servir ce que de droit.

COMMISSARIAT DE POLICE DU CANTON DE

Procès-verbal pour mendicité et vagabondage.

L'an mil huit cent cinquante

le

Nous,   commissaire de police
du canton de
officier de police judiciaire, auxiliaire du procureur impérial, avons fait comparaître l   nommé   âgé de
né à   profession de   demeurant à   pris
en flagrant délit de mendicité et de vagabondage par notre
agent le sieur   qui était en surveillance dans la
rue de
et avons procédé à son interrogatoire ainsi qu'il suit :

D. Quels sont vos nom, prénoms, âge, lieu de naissance,
profession et demeure? — R. Je me nomme

D. Depuis combien de temps demeurez-vous au domicile que vous indiquez? — R.

D. Depuis quand êtes-vous à   ? — R.

D. Quels sont vos moyens d'existence? — R.

D. Pour quelle raison   ? — R.

D. Avez-vous des papiers de sûreté? — R.

D. Chez qui travaillez-vous habituellement? — R.

D. Depuis combien de temps êtes-vous sans ouvrage? —
R.

D. Avez-vous déjà été repris de justice ou arrêté ? —
R.

Lecture faite du présent interrogatoire,] nommé
a persisté dans ses réponses et   a signé avec nous.

Sur quoi, nous, commissaire de police, susdit et soussigné, attendu qu'il résulte de l'interrogatoire ci-dessus,
que le   nommé   ne justifie pas
suffisamment d'un domicile certain, de sa profession et de
ses moyens d'existence, et qu'   paraît être en état de
      délit prévu par les art.   du Code pénal, disons
qu'   sera de suite conduit   devant M. le Procureur impérial, en état de mandat d'amener, pour être ensuite à
son égard statué par qui de droit ce qu'il appartiendra.

Le commissaire de police ,

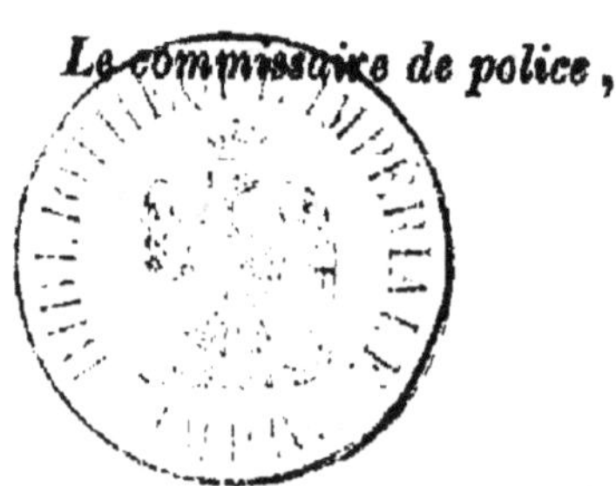

Paris. ═ Typ. de Mᵐᵉ Vᵉ Dondey-Dupré, rue Saint-Louis, 46.